延禧專門學校敎授

文　學　士

崔　鉉　培 지은

우리말본

첫　재　매

京　城

延禧專門學校出版部

發　行

대강 소리갈을 마치게 된 것이 곧 이 책이다。

　그뒤로부터 여러가지 일이 나의 생각의 걸음을 우리말본에 오로지함을 허락하지 아니한 때문에, 나의 짓고자하는 "우리말본"은 아즉도 앞길이 아득하여, 언제나 다됨(完成)의 땅에 이르게 될는지 알수가 없다。"우리말본"을 다일우어서 이를 널리폄은 나의 한살이(一生)의 요긴한 抱負이며 한 義務이다。이는 하필 남이 맡진 짐이 아니라, 나스스로가 뒤론 半萬年 歷史를 지고 앞으론 無窮한 將來을 가진 조선겨레의 한 사람으로서 스스로 진 짐이다。나의 맘과 힘을 다하여, 이것의 다됨(完成)을 보게 할 것은 말할 것 없다。그러나 그 다될 날은 아즉도 멀었는데, 世間의 要求는 切實하다。이에 위선 그 一部分이나마, 나의 "우리말본"의 첫재매(第一卷)로 하여, 찍어내게 된 것이다。

　이 책이 일우힌 뒤에도 세해동안에 고치고 깁기를 재게울리하지 아니하였지마는, 아즉도 흠이 없지 아니하다。그러나 위선 이것만으로도 넉넉이 새단장으로 오늘의 우리말 學界에 出演할 갑어치가 윈통 없지 아니함을 스스로 믿는 바이다。

　이 책이 이러한 모양으로 세상에 나옴에는 여러 同志의 도음이 많았음을 고맙게녁이며; 특히 이 변변지 못한 적은 책이 내가 敎職을 받드는 延禧專門學校出版部의 맨 첫재의 刊行物로 採用된 것은 나의 榮光으로 생각하는 바이다。

一九二九年三月二九日
지 은 이　　　말함

일러두기몇가지

ㄱ)。이 책의 글씨는 가로 박았나니, 이는 글이란 것은 가로 씨는 것이 自然스럽으며 理致스럽다고 생각하는 때문이다。첨 보시는이는 혹 서투르게 생각하실는지 모르나, 潛心하고 읽어 가면, 반듯이 그 便益함을 體驗하게 될 줄로 믿는다。

ㄴ)。글씨적는 법은 될수있는대로 바르게 한다고 하였나니, 속의 생각을 읽는 동시에 겉의 꼴도 읽으면, 얻음이 많을 줄로 안다。

ㄷ)。ㅂ받침소리를 다른 홀소리와 이어낼 적에 ㅜ로 바꾸어 내기도 한다。이는 퍽 不規則하게 바꾸기는 하지마는, 그 바꾸는 버릇의 얼안(範圍)은 매우 넓다。그러므로 그 ㅜ로 바꾸어진 말이 도로 標準이 될만하다 할수 있다。그런데 이책에서는 그 ㅂ을 그대로 쓰기도 하였다。이는 꼭 그렇게 바꾸지 말고 쓰자는 主張이 아니라, 이것을 근본의 꼴로 쓰는 것도 괜찮겠다는 생각에 지나지 아니하다。

ㄹ)。이 책을 지음에는 많은 參考書가 들었다。그러나 나의"우리말본"이 아즉도 짓는 중에 있는 때문에, 그 參考書를 여기에 定해 적기 어렵은 고로, 이다음에 짓는 일이 다 끝난 뒤에, 그것을 列擧하고자 한다。

ㅁ)。글이란 것은, 그 읽기의 쉽기를 꾀하라면, 반듯이 句讀點을 쳐야할 것이다。그리하여 나는 이 책에서 全部 英語의 句讀點을 採用하였다。이는 그것이 가장 널리 行할뿐 아니라 또 잘되었다고 생각하는 때문이다。그러나 우리말과 글의 特性을 말미암아,

多少間 달리함이 없지아니하니:——월의 끝에 치는 點(·)을 圈點(。)으로 한 것이라든지, 所有點(')을 아주 쓰지 아니한 것이라든지, ' 가"로 끝진 월에는 물음표(?)를 낱낱이 치지 아니한 것이라든지, 同種類의 씨를 벌여 적을 적에 번번이 반점(,)을 치지 아니한 것과 같은 따위이다。그리하여 句讀點의 이름은 담과 같이 부르고자한다。

- 　(。)온점(끝점)(Full stop or Period)
- ，　반점(Comma)
- ：　포갤점(Colon)
- ；　포갤반점(Semicolon)
- " "　끄어옴표(Quotation Mark or inverted Comma)
- ！　느낌표(Exclamation Mark or Note of Exclamation)
- ？　물음표(Question Mark or Note of Interrogative)
- ——　줄표(Dash)
- —　붙임표(Hyphen)
- （ ）　반달표(괄호)(Parenthesis or round Brackets)
- 〔 〕　거멀표(괄호)〈Brackets〉

ㅂ)。우리말의 풀이씨(用言)의 씨끝(語尾)이 文語와 口語의 別이 어느 程度까지 있는 것은 事實이다。그런데 이 두 가지의 區別을 緩和하여, 이를 混用하여서, 言文一致를 꾀합은 現代사람의 一般的 傾向이다。그리하여, 賤待받던 口語가 文章用語의 地位를 차지하게 되고, 傳來의 文語가 그 속에 融和되어 감은 東西洋의 一致된 傾向이라고 볼 수 있다。오늘날 朝鮮의 口語가 文章用語의

거의 全部를 차지하게 된 것은 顯著한 言語史的發展이라 할 수
있다。나의 이 책에서 文語式語尾와 口語式語尾를 아울어쓴 것은
어떻게 보면 좀 거친듯한 느낌이 없지 아니하겠지마는, 나는 이
것을 억지로 한쪽으로만 치우치게 하지 아니한 것은 이것으로써
文語와 口語의 嚴別을 없이함을 主張하는 宣言을 삼고자함이다。
이는 決코 나의 첨시작한 짓이 아니라, 日常의 會話에서도 그 混
用을 볼 수가 있나니:

　좋다——좋(으)니라,

　그렇다——그렇니라,

　한다——하느니라,

　오라한다 — 오너라한다

와 같은 것들이다。

우 리 말 본 속 판

첫 재 매　소 리 갈

(第 一 卷　聲 音 學)

속　판　끝

우리말본

첫 재 매

소 리 갈
(聲 音 學)

감메 한방우 지음

들 어 가 는 말(緒說)

1 사람의 생각을 소리로 나타낸 것을 말이라 하나니라。

사람의 생각은 본대 소리도 없고 꼴(形)도 없어 도모지 밖에서 感知할 수 없는 것이라。그러하므로 이 感知할 수 없는 사람의 생각을 남에게 傳達하랴고 하면, 반듯이 어떠한 感知性을 띠재하여야 할 것이다。이에 생각이란 것이 먼저 소리내는틀(發音器官)을 빌어서 소리로 되어 나타나서, 사람의 귀청(鼓膜)을 건들이어, 남에게 알히게 된 것이 끝 말이다。

2 소리를 눈에 보히도록 써 놓은 것을 글자(文字)라 하나니라。

소리는 한동안만 나면 그만이오, 또 들히는 얼안(範圍)도 넓지 못하다。끝 時間으로나 空間으로나 制限이 있는 낫븜(缺陷)이 있다。이러한 낫븜을 기우랴고, 그에 눈에 보히는 性質(可見性)을 준 것이 글자이다。이러한 소리를 적은 글자를 소리글자(音標文字)라 한다。

3 생각이 소리를 그 手段으로 빌지 아니하고, 바로(直接으로)

눈에 보히도록 하여 나타낸 글자가 있나니, 이러한 글자를 뜻글자 (意義文字)이라 하나니라。

　소리글자는 본대 소리를 적는 것이 그 본구실(職責)이니, 日本의 假名, 西洋의 알팜벹, 우리의 한글같은 것들이오; 뜻글자는 사람의 생각을 눈에 보히도록 一定한 꼴을 그린 것이니, 그 소리의 어떠함은 그 뜻에는 아모 關係가 없음이 그 본바랑(그 나아감을 딸아, 얼마큼 그렇찮음이 생겼지마는)이니, 中華民國의 漢字, 옛적 "에집드"의 그림글자같은 것들이니라。

　4　어느 나라의 말에든지 제가끔 一定한 法則이 있나니, 그 법을 말본(語法)이라 하며, 그 말본을 닦는 學問을 말본갈(語法學)더러는 줄이어서 말본(語法)이라 하나니라。

　말이 다름을 딸아 그 본(법)이 또한 다르나니:"엉글리쉬"에는 "잉글리쉬" 본이 있고, 日本말에는 日本말본이 있고, 조선말에는 조선말본이 있다。여기 이 책은 우리 조선말본을 닦는 책이다。그러한즉 우리는 남의 나라말본을 닦아서, 우리말본의 닦기에 恭考로 하는 것은 괭찮을 뿐아니라 차라리 해야만 할 것이지마는, 짬없이 남의 말본에만 딸으고, 제나라말의 特有한 법을 살피지 아니하는 것음 옳지 못한 짓이다。

　여기에 우리가 하나 조심해야만 할 것은 말본갈은 말의 一般的 法則을 닦는 것이오, 날날의 말을 닦는 것은 그 主眼이 아님이니라。

　5　말본갈(語法學)은, 그 닦음(研究)의 主眼點의 다름을 딸아, 세 가름(三部)으로 난후나니:소리를 닦는(研究하는) 것을 소리갈(聲

音學)이라 하며; 씨(날말)를 닦는 것을 씨갈(語論)이라 하며; 글월(文章)을 닦는 것을 월갈(文章論)이라 하나니라。

　소리갈(聲音學)은 말의 傳達可能性의 基礎的 手段으로 쓰는 소리를 닦는 것이니, 말본(語法)의 닦음(研究)에 가장 基礎的 가름(部門)이 되는 것이오; 씨갈(語論)은 생각의 조각조각을 나타낸 날날의 말을 글월의 構成材料로 보아서 닦는 것이니, 말본닦음의 큰도막(大部分)이 이에 허비된다。그러나 날말이 곧 말은 아닌즉, 날말을 닦는 씨갈이 곧 말본갈의 왼통(全部)은 아니다。차라리 말본은 날날의 말이 서로 얽혀서 完全한 생각을 들어내는 글월을 일우는 대에 있는 것인즉, 말본갈은 월갈(文章論)에서 그 구실(任務)을 다일우는 것이라 할 것이다。그러므로 말본갈의 맨맞으막의 目的은 월갈에 있는 것이오, 저 소리갈과 씨갈은 다 그 準備的部門(차리는가름)이 되는 것이라 할만하니라。

　글자(文字)를 닦는 일은 글자갈(文字學)이란 딴갈래의 學問에 밀우고서 이 말본갈에서는 말하지 아니한다。

　소리갈(聲音學)도 또한 한날의 特殊學問으로 되는 것이지마는 우리말본갈에 넣은 소리갈은 우리말소리에 쓰히는 소리의 理致를 닦아서 말의 달라짐(變化)에 들어나는 소리의 법을 깨치게 하는 구실을 가진 것이다。그러한데 우리조선사람은 제게 훌륭한 소리글을 가졌으면서도, 항상 남의 뜻글인 漢字만을 끔직이 녀겨 쓰고, 제것——한글은 얼이없이 낮보아 버려 온 歷史的事情으로 말미암아, 一般사람들이 그 소리글과 그 소리의 理致에 아조 캄캄어더워서, 제나라글이면서도 그에 對한 常識조차 없는 이가 여간

많지 아니한 形便인즉, 이 소리갈을 잘 배호는 것이 여러가지 뜻
으로 매우 요긴한 일이라 할 것이다。

첫재가름　소리내는틀의 생김과 일함
(第 一 章　發音器官의 構造와 作用)

6　말의 소리를 닦으(研究하)랴면 먼저 그 소리내는틀(發音器
官)의 생김과 일함을 알아야 할것이라。그런대 소리내는틀은 (1)
숨쉬는대(呼吸部)。(2)　소리내는대(發音部)。(3)　소리고루는대
(調聲部)의 세 조각으로 난후나니라。

첫재조각　숨 쉬 는 대
(第 一 節　呼 吸 部)

7　숨쉬는대라 함은 끌 부하(肺)이다。부하는 가슴 속의 큰 얼
안(空間)을 차지한 숨그릇(呼吸器)이니: 들숨은 숨ㅅ대(氣管)로
말미암아, 새로운 노(空氣)를 빨아들이어, 피를 닦히어서, 몸을 기르
고; 날숨은 다만 그 더러워진 노를, 숨ㅅ대로 말미암아, 몸밖으로
내어 버리는 것이니라。그러므로 소리를 내는 것은 부하의 본일(本
務)이 아니니: 부하에서는 소리가 나는 것도 아니오, 또 고루어지는
것도 아니며, 다만 부하로부터 나오는 노를 부리(利用)어서, 소리
를 낼 따름이니라。그러므로 부하와 숨ㅅ대(氣管)는 참뜻으로는
소리를 내는 틀이 아니로되, 그의 내어쉬는 노가 實로 소리의 原
動力이 되는 것이기 때문에, 亦是 소리내는틀에 붙이나니라。그러나
그 생김(構造)과 일함(作用)은 우리 소리갈에는 그리 쓸대가 없

는 때문에, 여기에서는 이를 풀이하지 아니하노라。

우리가 소리를 냄에는 날숨(呼氣)을 부리는 것이 예사이지마는, 더러는 들숨(吸氣)을 부리는 것이 없지 아니하니라。이를터면 의섬날 적에나, 맵은것을 먹을 적에나, 아픈것을 참을 적에나(이른바 고초먹은소리), 또는 뜻에 맞지 아니함을 나타낼 적에나(이른바혀차는소리), 맞난것을 먹을 적에나(이른바입다시는소리) 내는 소리들은 모다 들숨(吸氣)을 부리(利用)어서 낸 것이니라。

둘재조각 소 리 내 는 대
(第 二 節 發   音   部)

8 소리내는대라 함은 숨ㅅ대머리(喉頭)를 가르킴이니, 부하에서 숨ㅅ대를 말미암아 나오는 노(空氣)가 여기에서 비롯오 소리가 되는 대이니라。

숨ㅅ대머리는 세 날의 여린뼈(軟骨)로 되었나니：그 첫재 밑자리가 되는 여린뼈는 고리(環)를 일우었는대, 그 고리가 한쪽(앞)은 좁고 가늘어서 가락찌(指環)모양이니, 이를 가락채여린뼈(環狀軟骨)라 일컷나니라。이 가락찌여린뼈의 앞쪽에 이를 싸아서 保護하는 V글씨꼴의 여린뼈가 있어, 그 뽀죽한 모가 앞쪽으로 내밀어 있으므로, 우리는 얼른 손가락을 가지고 이것을 만져 가르킬수있나니, 이를 방패여린뼈(甲狀軟骨)라 일컷나니라。방패여린뼈가 게집사람보다 산애사람이 더큰 것은 우리의 다 아는바이니라。

(그 림 1)
가락찌여린뼈

앞   뒤
ㄱ
ㄴ

ㄱ. 왼쪽에서본것
ㄴ. 알에서쳐다본것

또 가락채여린뼈의 우끝에 두날의 여린뼈가 마조서어 있나니: 그 끝이 잔과 같다 하야 잔꼴여린뼈(杯狀軟骨)라 하며, 또는 소리청을 헤치는 것이므로 헤침여린뼈(披裂軟骨)라 하며, 또는 마늘모(비라믿)와 같다 하야 마늘모여린뼈(蒜角形軟骨)라 하나니라.

이 두 잔꼴여린뼈와 방패여린뼈의 안쪽과의 사이에 두날의

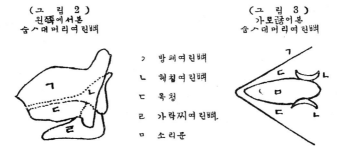

（그 림 2）
왼쪽에서본
숨ㅅ대머리여린뼈

（그 림 3）
가로끊어본
숨ㅅ대머리여린뼈

ㄱ　방패여린뼈
ㄴ　헤침여린뼈
ㄷ　목청
ㄹ　가락찌여린뼈
ㅁ　소리문

질긴띠(靭帶)가 있나니, 이를 목청 혹은 소리청(聲帶)이라 하나니라.

우에 말한 여러 뼈들은 모다 粘膜으로 덮히어서 한덩어리가 되어 있고, 또 힘줄(筋肉)이 있어서 모든 움즈이는대(運動하는部分)를 꽁교롭게 잘 움즈이나니라.

잔꼴여린뼈의 움즈임을 딸아서 이 목청이 늘어지기도 하고 켕기기도 하나니, 이때에 그 두 소리청의 사이틈을 소리문 (聲門)이라 하나니라.

우리가 예사로 숨쉴때에는 소리문이 넓게 열린 따문에, 노흐름(氣流)이 아모 거침없이 그 뷘틈을 나드므로, 아모 떨어울음이 일어나지 아니하되, 한번 목청이 켕겨서 소리문이 좁아져서 날숨의 노흐름을 막으면, 그 노는 흐르는 힘으로써 소리청을 떨어울리어 풍류소리를 내나니, 이를 소리갈 (聲音學)에서 울음(Voice聲)이라

일컷나니라。

（그림 5）
Techmer 를딸아그려번
목청의자리
（잔끌여린뼈의여러가지의자리를볼수있다）

단 첨   울음   울음

울음   울음   소근소근

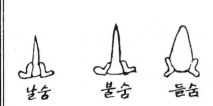

날숨   불숨   들숨

사람의 말소리 （語音） 는 이 목청이 떨어울어서 나온 울음으로 된,것과 소리청이 떨어울지 아니하고 소리문을 그저 지내 나온 노（空氣）로써 된 것의 두 가지가 있나니, 앞에것을 울음 소리（有聲音）라 하며, 뒤에것을 울음없는소리（無聲音） 라 하나니라。

소리청의 떨（振動）을 밖갈 （外部）에서 알아보는 법은 담과 같으니라

1。 숨ㅅ대머리의 뚝 붉어진 대에 손가락 끌을 대면 그 손가락이 떨을 느낌。

2。 두쪽 귀구멍을 손으로 막으면 머리속에 떨（振動）이 있음을 느낌。

3。 손바닥을 정술이우（頂上）에 얹으면 그 손에 떨을 느낌。

소리문은 다시 힘줄소리문（筋聲門）과 여린뼈소리문（軟骨聲門）의 두 조각으로 난훈다。 앞에것은 두 쪽이 다 힘줄로 된 것이니, 예사로 목청 혹은 소리청이라는 것이며, 뒤에것은 잔끌여린뼈의 사이에 생진 름이니라。

우에 말한 울음소리（有聲音）는 다 목청이 떨어서 나는 것이어니

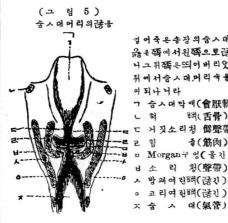

(그 림 5)
숨ㅅ대머리의끊음

얼어죽은송장의숨ㅅ대머리를
옳은쪽에서왼쪽으로끊은것이
니그뒤쪽은떼어버리었으므로
뒤에서숨ㅅ대머리속을보는것
이되나니라

ㄱ 숨ㅅ대막애(會厭軟骨)
ㄴ 혀　　뼈(舌骨)
ㄷ 거짓소리청(僞聲帶)
ㄹ 힘　　줄(筋肉)
ㅁ Morgan구멍(몰간님구멍)
ㅂ 소 리 청(聲帶)
ㅅ 방패여린뼈(軟骨)
ㅇ 고리여린뼈(軟骨)
ㅈ 숨 ㅅ 대(氣管)

와 이제 우리가 소리
문을 꽉 닫치고 여린
뼈 소리문만 열어두면,
날숨의 노는 이로부러
나오나니, 이대에 나는
소리를 소리갈에서 소
근소근이라 한다。 우
리가 남이 몰듯게 귀
에 대고 소근거리는

말소리는 이 "소근소근"이니라。

　소리청 우쪽에 몰간(Morgan)님구멍이라는 쏙들어간대(凹所)
가 있어, 그 우쪽은 좁아져서 소리문과 같이 되었으나, 끌만 그렇
다 뿐이지, 소리는 내지 아니하는 것이기 때문에, 이것을 거짓목청
(僞聲帶)이라 하나니라。 또 숨ㅅ대머리의 맨쯕댁이에 숨ㅅ대막애
(會厭軟骨)가 있나니: 이는 먹음(食物)이 숨ㅅ대로 들어오지 말도
록 숨ㅅ대를 막는 것이니라。

　도를어말하면 숨ㅅ대머리는 우리 사람의 말소리의 으뜸되는(基
本的)것을 내는 대이니, 그 목청에서 나는 소리,(끋홀소리,母音)가
우리 사람의 말에 가장 重要하니라。입에서 나는 소리는 풍악답지
아니하며, 또 멀리 들히지도 아니하고, 다만 소리빛을 더할뿐이니라。

셋재조각　소리고루는대

(第三節　　調　　部)

소리
고루
는
대

9 소리고루는대는 또 소리ㅅ대(音管, 響管)라 하며, 또 붙음 ㅅ대(附着管)라고도 하나니, 숨ㅅ대머리의 우에 있는 대롱(管) 이다。숨ㅅ대머리에서 나온 소리는 다 한가지이지마는, 소리고루는 대가 이를 고루어서 여러가지의 소리로 바꾸나니라。소리고루는 대는 세 조각으로 난후나니:

1)목안(咽頭)。은 숨ㅅ대머리의 우에 있는 얼안(空間)이니: 밥 길(食道), 숨ㅅ대(氣管), 입, 코로 터지는 자리이니라。밥길과 숨 ㅅ대 사이에는 숨ㅅ대막애(會厭軟骨)가 있고, 입과 코의 사이에는 목젖(懸壅垂)이 있나니라。목안은 다만 受動的機能을 가질뿐이니, 소리고루는 일에는 그리 重要하지 아니하니라。

2)코안(鼻腔)。은 목안의 우앞쪽에 있어, 뒤는 목안으로 터지고,

〔그 림 6〕 말틀을긁은것

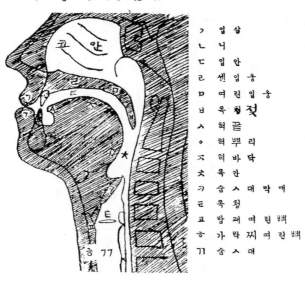

ㄱ 입 살
ㄴ 입 안
ㄷ 센입웅
ㄹ 여린입웅
ㅁ 목 청 젖
ㅂ 혀 끝
ㅅ 혀 뿌 리
ㅇ 혀 바 닥
ㅈ 목 안
ㅊ 숨ㅅ대막애
ㅋ 목 청
ㅌ 밥 퍼 여린뼈
ㅍ 가 락 씨여린뼈
ㅎ 숨 ㅅ 대

않은 코구멍으로 밖에 터져나나니라。코에는 여달이가 맘대로 되는
입살같은 것이 없고, 또 움즉임(運動)이 맘대로 되는 혀와 같은 것
이 없으므로, 딴가지(特種)의 소리를 내지 몯하고, 다만 숨ㅅ대머
리에서 나오는 소리를 울리어서(響鳴식히어서), 이를 고룰따름이
니라。

　3) 입안(口腔)。은 목안의 앞쪽에 있어 소리ㅅ대(音管)가온대에
가장 重要한 일을 하는 것이니라。아래우(上下)로 두 턱(兩顎)이
있어 그 집을 일우니:앞쪽에는 두 입살이 있어 그 문을 일우고,
입살 안에는 各各 열여섯날의 니(齒)가 있는 것이 예사이며, 니의
뿌리박은대를 니ㅅ몸이라 하며, 우ㄷ닙몸(上齒齗) 뒤에는 센입웅
(硬口蓋), 그 다음에는 여린입웅(軟口蓋)이 있으며, 여린입웅 뒤
끝을 목젖이라 하나니, 목젖은 입안과 코안의 사이를 토이고 막고
하야 소리를 고루는 것이니라。아래턱에는 혀(舌)가 있나니:그 붙
은 자리는 숨ㅅ대막애보다 조곰 우이니, 거기를 혀뿌리(舌根)라
하며;그 앞은 혀바닥(舌底)이니, 혀바닥은 다시 앞과 뒤, 또는 앞
파 가온대와 뒤로 가르며;그 끝을 혀끝(舌端)이라 하나니, 혀바
닥, 혀뿌리와 마조서(對立)나니라。

　두 입살파 아래턱파 목젖파 혀는 그 움즉임이 매우 自由스럽은
대, 그 중에도 가장 움즉임이 敏活한 것은 혀이니라。입안은 이 여
러가지의 움즉임을 말미암아서 소리를 만들기도 하고(s, t 같은것),
소리를 고루기도 하나니라(ㅏ ㅓ ㅗ ㅜ ㅡ ㅣ, 같은것)。(예로부터 西
洋파 支那에서는 혀를 말의 뜻으로 쓰며, 日本에서는 입을 말의
뜻으로 쓰나니라。)

날소리

둘재가름 날 소 리

(第 二 章   個   音)

10 여기에 날소리라 합은 아죽 말을 일우지 아니한 날날의 소 리를 이름이니: 곧 실지(實地)의 말과 따로 띄어서 소리로만 보고 서, 그 날날의 소리를 연구하고자합이니라。

첫재조각 소 리 의 갈 래

(第 一 節   音 의 分 類)

소리는 그 보는바를 딸아 여러가지로 난훌 수가 있나니라。

첫재목 울음소리와 울음없는소리 혹은 흐린소리와 맑은소리

(第 一 項 有聲音과 無聲音 或은 濁音과 淸音)

흐린소리·맑은소리

11 부하(肺)의 노(空氣)가 숨ㅅ대를 지나아 목안으로 나올적 에 두 가지의 다름이 있나니: 하나는 좁을어져서 팽팽한 목청을 떨어울리어서 소리(聲)로 되어 나오는 것이오; 또 하나는 목청이 좁을어지지 아니하기 때문에, 이를 울리지 아니하고, 딸아서 소리 도 되지 아니하고, 숨(息)으로 되여서 나오는 것이니라。앞에것이 혹은 그대로, 혹은 소리고루는대의 고룸을 받아서, 입이나 코로 말 미암아 몸밖으로 나오는 것을 울음소리(有聲音)라 하며; 뒤에것이 소리고루는대의 고룸을 받아서 소리(音)가 되어서, 코나 입으로 말미암아 몸밖으로 나오는 것을 울음없는소리(無聲音)라 하나니 라。또 소리갈에서 앞에것을 흐린소리(濁音), 뒤에것을 맑은소리

(淸音)라 하야, 맑음과 흐림(淸濁)을 가르(區別하)나니라。 보기를 들건대: 모든 홀소리(母音) (ㅏㅓㅗㅜㅡㅣ같은것들)와 ㆁㄴㅁㄹ같은 닿소리(子音)는 흐린소리이오; ㅍㄷㅋㅊㅅ같은 닿소리는 맑은소리이니라。

우리말에서는 닿소리의 맑음과 흐림을 그리 뚝뚝하게 가르지 아니하므로, ㄱㄷㅂㅈ같은 것은 본대는 맑은소리이지마는, 어떤 때에는 흐린소리로 내는 수가 있나니, 보기를 들것같으면:

진지(食事)의 지의 ㅈ,

농부(農夫), 우비(雨備)의 ㅂ,

사람이간다의 ㄷ,

감귀의 귀의 ㄱ

은 다 흐린소리로 내나니라。 그러나 맑은소리 ㅈㅂㄷㄱ에 對하야, 흐린소리 ㅈㅂㄷㄱ을 나타내는 글씨가 따로 있지 아니하니라。 이는 우리말에서는 맑은소리와 흐린소리를 그리 가르지 아니하고 마고쓰어도, 조금도 不便이 없기 때문이니라。 (물재조각 홋닿소리 恭照)。 다만 ㅅ의 흐린소리로 △이 옛적에는 있었지마는, 이는 우리말소리를 적기보다도 차라리 다른나라의 말소리(漢字音)를 적기 爲하야 만든 것이니라。 또 예전에 日本말의 ガギグゲゴ줄을 "ㅇ가ㅇ기ㅇ구ㅇ게ㅇ고"로 적은 것이 있나니라。

우리가 흔히 ㄱㄷㅂㅈ을 흐린소리라고 생각함은 틀린 생각이니라。 웨그러냐하면, ㄱㄷㅂㅈ이 그대로 흐린소리로 나기도 하지마는, 그 본바탕(本質)은 맑은소리인 것이며: ㅋㄷㅍㅊ은 맑은소리가 아닌 것은 아니지마는, 이는 支那에서도 옛적부터 次淸이라 하는 것이며,西洋소리갈에서도 이를 Aspirate (有氣音)이라 하야, 예사의 맑은소리와 區別하나니라。

(잡이)。ㄱㄷㅂㅈ은 맑은소리로서 간혹 흐린소리로도 난다 하였지마는,그 짝소리인 ㄲㄸㅃㅉ는 언제든지 흐린ㄱㄷㅂㅈ의 짝소리이니라。끝 ㄲㄸㅃㅉ은 흐린소리이니라 (47쪽參照。)

둘재목 입소리와코소리
(第二項 口音과鼻音)

12 우에 말한바와 같이 목으로 나온 소리와 숨이 몸밖으로 나옴에는 두 가지 길이 있나니:하나는 입안을 지나서 나오고; 하나는 목젖 (懸雍垂) 뒤로 말미암아 코구녕을 지나아서 몸밖으로 나오나니:앞에것(前者)을 입소리 (口音)라 하며; 뒤에것(後者)을 코소리(鼻音)라 하나니라。보기를 들전대;모든 홀소리와 ㅍㅂㅅ……같은 닿소리는 입소리이오; ㅁㄴㆁ같은 닿소리는 코소리이니라。

입소리에 또 여러가지의 다름이 생기는 것은 소리가 입을 지날 적에 혀, 니, 입웅(口蓋), 입살의 여러가지의 고룸을 받음에 말미암고;코소리에 또 여러가지의 다름이 있는것은 숨이나 소리를 코로 내어보낼랴고 입을 막는 짓이 여러가지 있는 때문이니, 이는 담에 밝게 말하겠노라。

셋재목 홀소리와닿소리
(第三項 母音과子音)

13 소리는 또 그 내는 바탕의 다름을 딸아서 홀소리와 닿소리

로 난후나니라。홀소리란 것은, 목청을 울리어서 울음이 된 노(空氣)가 소리고루는대(調聲管)를 지나을적에, 그리 큰 막음(障碍)을 업지 아니하야, 끝내 規則바른 소리결(音波)을 가지고, 입밖으로나오는 소리이니라。그러한대 이 홀소리에 여러가지 다름이 있는 것은 입안을 지나을 적에 입안의 꼴이 여러가져로 되어서 함께을히는(共鳴하는) 꼴(狀態)이 닲아지는 까닭에 말미암나니라。우리글의 홀소리 셈은 ㅏㅓㅗㅜㅡㅣㅐㅔㅚ 아홉뿐이니: 이 아홉 홀소리가 서로 거듭하야, 다시 여러가지의 홀소리가 되나니라。

닿소리란 것은, 부하(肺)에서 나오는 노(空氣)가 몸밖으로 나오는 길에 여러가지의 막음(障碍)을 입어서, 規則없는 소리결(音波)을 가지고, 더러는 코로, 더러는 입으로 나오는 소리를 이름이니라。이에도 여러가지가 있는 것은 그 나오는 길에 여러가지의 막음을 입은 까닭이니라。우리글의 닿소리는 ㄱㄴㄷㄹㅁㅂㅅㅇㅈㅎ 열이니: 이 열 닿소리가 서로 거듭하야, 여러가지의 닿소리가 되나니라。

(붙이)。홀소리와 닿소리란 이름의 뜻을 말하건대: 홀소리는 다른소리의 힘을 빌지 아니하고 홀로나는 소리라 하야 이름이오; 닿소리는 그 소리가 제홀로는 나지 못하고, 다른 소리 곧 홀소리에 닿아야만 나는 소리라 하야 이름이니, 닿소리는 또 붙음소리라고도 한 적이 있었나니라。그러나 이 두 가지의 이름이 그 소리의 본바탕(本質)을 잘 들어낸 것이 되지 못함은, 담의 "홀소리와닿소리의다름"을 보면, 넉넉히 짐작할수 있나니라。그렇지마는 무슨 이름이든지 그 이름이 그 몬과 일의 뜻을 完全히 들어내지 못함은 우리의 아는 바이니, 다만 그 일과 몬을 代表하

는 보람(표)이 되면 그만이니라。그러므로 우리는 周스승님께서 저으신 이름을 그대로 쓰노라。

世宗大王께서 우리 한글(正音)을 처엄 내신 訓民正音에서는, 닿소리를 初發聲(略하야初聲)이라 하고, 홀소리는 中聲이라 하었나니라。그러므로 오늘날 어떤이들은 그 이름을 그대로 쓰자하는 이도 있으며; 어떤어는 이것을 우리말로 옮기어서 첫소리, 가온대 소리라고 하는 이도 있다。그러나 나의 생각에는 이에 賛成할수 없다。웨그러냐하면, 初聲 中聲이라 함은 우리글 그自體를 이름지은 것이 아니라, 그 소리를 漢字音에 對照하여서 說明하랴니까, 그것이 漢字音의 初發聲(初聲)或은 中聲에 맞다 함에 지나지 아니한 것이다。그러므로 漢字의 終聲에 當할 적에는, 한 가지의 닿소리를 또 終聲이라 하였다。그러한즉 그것은 첨으로 지어낸 글의 소리를 說明하는 方便에 지나지 못한 것이오, 그 正當한 이름은 되지 못한 것이니라。그러한즉 오늘날 우리가 우리글을 漢字의 初聲 或 中聲이라는 理由로써 그 이름을 삼는 것은 넘어나 치사스럽은 일이다。그뿐아니라 世宗大王 그때에는, 漢字의 音은 반듯이 初中終의 세소리로 되었다 하야, 오늘날 우리로서는 있다고 할 수 없는 初聲 終聲도 딱 있는 양으로 적었으니까(보기: 강家, 정之, 헣乎), 그리 이름하였지마는: 우리글 自體로서만 볼것같으면, 닿소리가 반듯이 初聲이나 終聲만 되는 것이 아니오, 홀소리가 반듯이 中聲으로만 되는 것이 아니다。그러한즉 그 이름을 그대로 쓰는 것이 넘어나 不合理하다고 생각하노라。

또 잉글리쉬의 Vowel (홀소리)이란 말은 라딘말 Vox에서

나온 말이니, 울음소리 끝 有聲音을 뜻한 것이며; Consonant (닿
소리)란 말은 라딘말 Consonants에서 나온 말인대, Con 함께)과
Sona(소리)의 모혀 된 말이니, 끝 다른 소리에 닿아서 함께울히
는 소리를 뜻함이니라。 그러나 잉글리쉬의 말도 그 소리의 본바
탕을 完全히 들어낸 것이 되지 못하나니: 有聲音이 홀소리에만
限한 것이 아니며, 또 닿소리도 스스로 나는 것이 있나니라。

　支那사람들은 明末에 Vowel을 自鳴字, Consonant를 同鳴字라
고 옮기었으며; 日本사람은 Vowel을 母音, Consonant를 子音이
라고 옮기었으며; 或은 Vowel을 父音, Consonant를 子音, 父母音
이合하야 된 것을 子音이라 하나, 다 그 소리의 본바탕을 完全
히 들어내지 못함은 마찬가지이니라。

넷재목　홀소리와 닿소리의 다름
(第四項　母音과 子音의 差異)

14　우에 말한 바를 더뚝뚝하게 하기 爲하여 홀소리와 닿소리
의 다름을 들면, 담과 같으니라。

　(1)。홀소리는 반듯이 목청을 떨어울리는 울음소리 (有聲音) 이
지마는; 닿소리는 목청을 떨어울리는 것도 있으며, 그렇지 아니한
것도 있나니라。 이를터면, 닿소리 ㅁ은 목청을 울리는것이오, ㅍ
은 울리지 아니하는 것이니라。

　(잡이)。홀소리에도 맑은홀소리가 있다하지마는, 이는 어느 나
라말에서든지 標準소리로 삼지 아니하나니라。

　(2)。홀소리는 規則있는 결(律的波動)을 일우는 풍악소리(樂

音)이지마는; 닿소리는 規則없는 결을 일우는 떠들소리(噪音)이니라。 이는, 닿소리는 몸밖으로 나오는 길에, 입살, 니, 입웅, 혀의 모든 몸들(諸器官)을 말미암아, 더러는 막히기도 하고, 더러는 갈히기도 하지마는, 홀소리는 이러한 막음 (障碍) 을 입지 아니하는 때문이니라。

(3)。 홀소리는 다 입소리(口音)이지마는; 닿소리는 입소리(ㅂㅍ)와 코소리 (鼻音) (ㆁㄴ)가 있나니라。

(4)。 홀소리는 반듯이 혀바닥을 쓰는 혀바닥소리(Dorsal laut)이지마는; 닿소리는 그렇지 아니하니라。

(5)。 홀소리는 혀바닥의 가온대줄을 쓰는 가온대소리 (Median laut)이지마는; 닿소리는 그렇지 아니하니라。

(6)。 홀소리는 그것만으로 곧 제홀로 나지마는; 닿소리는 제홀로는 나지 못하고 홀소리에 붙어야 나나니라。 그러나 이것은 絕對的 다름이라 할수 없으니, 닿소리라도 ㅅㅍㅂ……같은 것은 제홀로라도 넉넉히 나나니라。

(7)。 홀소리는 얼마 동안이든지 그대로 이어 낼 수가 있지마는; 닿소리는 그리 길게 이어 내지 못하나니라。 그러나 이것도 또한 絕對的 다름이라 할 수 없으니, 닿소리라도 ㅅ같은 갈아내는 소리는 길게 달아 낼 수 있나니라。 그러므로 "갓"의 소리는 잉글리쉬의 "Kas" 와 같이 낼 것이오, "갓" "갖" "같" 의 소리가 서로 다를터이나; 우리말에서는 이것만이오 그 알에 다른 소리 (홀소리같은 것)가 없으면, 다 같이 내나니, 이는 좀 소리의 理致에 맞지 못한 일이니라。

(8)。 홀소리는 어느것이든지 다 한 날내(音節)를 일을 수가 있지마는; 닿소리는 그렇지 못하니라。 그러나 이것도 絕對的 다름이라 할 수가 없나니, 잉글리쉬의 "dle" "ble" 들이 한 날내를 일우는 것과 같이, 우리말도 ㄷㄹ ㅂㄹ같은 것은 그대로 한 날내를 일을 수 있나니라。 그렇지마는 우리말에는 實地에는 그렇지 아니하니, 이도 또한 소리 理致대로만 딱 하는 것이 아니니라。

우에 적은 홀닿소리의 다름 가운대에 1, 2, 3, 4, 5. 는 그 생겨남(發生)으로 본 다름이니, 이는 굳업은 것이오; 6, 7, 8 은 그 일합(機能)으로 본 다름이니, 이는 굳업은 것이 몯되나니라。 그러니까 끝장에는 두 소리의 뜻을 먼저 적은 것과 같이 매기(定義하)는 것이 바르다고 생각하노라。

소리갈래의 보기를。 우에 말한 소리의 갈래를 서로 얽어 한 틀로 나타낼것같으면 담과 같으니라。

```
              ┌─ 홀소리─입소리─흐린소리
              │
소리 ─────────┤              ┌─ 맑은소리
              │      ┌─코소리 ┤
              │      │        └─ 흐린소리
              └─ 닿소리┤
                     │        ┌─ 맑은소리
                     └─입소리 ┤
                              └─ 흐린소리
```

둘재조각　홋　소　리
(第二節　　單　音)

15 홋소리(單音)라 함은 굴대되는 소리가 모혀서 하나가 된 소리가 아니오, 아예(最初)부터 제 홀로 된 소리를 이름이니; 홋소

리가 남에는 한대에 나고, 젊고 때의 앞뒤를 딸아서 나는 일이 없나니라。 그러므로 홋소리는 비록 아모리 길게 낸다 하드래도, 때의 앞뒤(먼저나종)를 딸아서, 다름이 없나니라。 이를러면 ㅏ는 아모리 길게 내어도 같은 소리로 나지마는; ㅑ는 그 앞뒤가 서로 같지 아니하니라。

첫재목 홋홀소리의셈
(第 一 項 單 母 音 의 數)

16 목청을 떨어울린 소리가 입안을 지나올 적에 그리 甚한 막음(障碍)을 받지 아니한 것이 홀소리이지마는; 조끔씩은 혀, 입살, 입웅 들의 막음 곧 고룸(調節)을 받는 때문에, 홀소리에 여러 가지의 다름이 생긴다 함은 이미 말하였노라。 그런대 그 두 입살의 여는 분수(度合), 그 둥글어워짐의 분수, 혀(앞바닥, 가온대바닥, 뒤바닥)를 입웅에 닿이는 분수는 셈없이 다름이 있는 까닭에, 홀소리의 셈도 또한 셈없이 많을 것이니라。 그러나 어느 나라의 말이든지 그 셈없는 홀소리를 다 따로 갈아 쓰지 아니하고, 다만 그 사이사이의 어떤 點을 가지고 그에 가까움 소리를 代表하야 쓰나니라。 이를러면 ㅏ소리에도 여러 가지가 있을 터이지마는, 이를 날날이 가르지 아니하고, ㅏ하나로써 모든것을 代表식힘과 같으니라。 그러므로 어느 나라말이든지 그 홋홀소리의 셈은 그다지 많지 아니하며, 또 나라마다 그 셈이 서로 같지 아니함이 예사이니라。

그러한대 우리말의 홀소리의 셈은 모다 아홉이니: 곧 ㅏㅓㅗㅜ ㅡ ㅣ ㅐㅔㅚ이니라。 우리말의 홋홀소리를 이 아홉으로 잡은 까닭

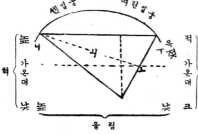

홀소리의 그림풀이

(理由)은 담에 차차 말하겠노라。

17 (홀소리의 그림풀이)。이 나라마다 다른 홀소리를 그림으로써 풀이하야, 한눈에 환하게 만들랴고, "홀소리의그림풀이"(母音의圖解)를 만든 西洋의 言語學者가 많은 中에, 이제 우리에게 가장 叅考가 되는 것은, 잉글랜드 사람 Bell 과 Sweet 의 36 홀소리 그림풀이와, 떠이취 사람 Hellwag 에 비롯되어, 그 나라 Brücke 로 말미암아 더 가늘게 되고, 다시 Vietor 의 손으로 가장 알아보기 쉽도록 된 홀소리세모그림풀이(母音三角圖式)이니라。이제 이 두가지의 그림풀이 그것을 여기에 낱낱이 풀이할 必要가 없으니까, 다만 그것들을 叅考하야 우리 홀소리를 풀이한 나의 홀소리그림풀이를 여기에 적어 보이노니, 우리말을 닦기에 맘을 쓰는 여러 분은 이를 잘 보시고, 밝은 매김(評論)과 바룸(校正)을 주기를 아끼지 말으시기를 바라노라。

이 그림은 입안을 혀바닥의 가온대를 보고 내리끊은(縱斷한)것이니, 그 입안의 앞쪽은 이 그림의 왼쪽(마조보고)이니라。세모꼴(三角形)은

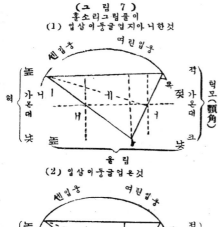

(그 림 7)
홀소리그림풀이
(1) 입살이둥글엽지아니한것

(2) 입살이둥글엽은것

혀의 자리를 보이는 것인대; 이 세모는 두쪽줄(二邊線)이 딱 같은

것이 아니라, ㅣㅏ줄이 ─ㅏ줄보다 조금 기나니라。(입을 열면 앞이 넓게 열히는 때문이라)。

ㅣ는 혀와 셋입웅(硬口蓋)이 서로 가까워져서 나는 것이니: 혀자리는 높고, 턱모(顎角)와 입살(唇)은 적게 열며, 울림(響)은 높음。

─는 혀뿌리와 여린입웅이 서로 가까워져서 나는 소리이니: 혀뿌리의 자리는 높고, 턱모와 입살은 적게 열며, 울림(響)은 낮음。

ㅏ는 혀바닥의 자리가 가장 낮은 소리이니: 턱모와 입살은 가장 크며, 울림은 가온대이며, 입안은 가장 큼。

ㅐ는 ㅏ와 ㅣ의 사이소리(間音)이며,

ㅓ는 ㅏ와 ─의 사이소리이며,

ㅔ는 ㅓ와 ㅣ의 사이소리이니라。

그런대 이 우에 벌이어 적은 여섯 홀소리는 다 입살을 둥글업게 열지 아니하는 것이니라。

둘재 그림의 ㅜ는 ─와 같으되, 다만 입살이 둥글어움 것이 다르며; ㅗ는 ㅓ와 같으되, 다만 입살이 둥글어움 것이 다르며; ㅚ는 ㅔ와 같으되, 다만 입살이 둥글어움 것이 다르니: 다시 말하면 ㅗ는 ㅏ와 ㅜ의 사이소리이며; ㅚ는 ㅗ와 ㅣ의 사이소리이니라。

다시 한말로 말하면, ㅏㅓ─ㅣㅐㅔ의 여섯소리는 넓은소리(廣音)이오, ㅗㅜㅚ의 세소리는 둥근소리(圓音)라 할 수 있나니라。

또 다시 이것들을 다른 보는자리(視點)로써 가르면, ㅣㅐ는 혀앞바닥소리이오, ㅏㅔㅚ는 혀가온대바닥소리이며, ─ㅓㅗㅜ는 혀뒤바닥소리라 할 수 있나니라。

18 우에 적은 홀소리는 그 날날의 내는 법을 다음에 다시 가

늘게 말하고저 하거니와, 나는 대강 이리하여서 우리말의 홋홀소리의 셈을 아홉으로 잡노라。 담에 그 까닭을 좀 적어 보겠노라。

訓民正音에 中聲 곧 홀소리로 들어낸 것은 ㅏㅑㅓㅕㅗㅛㅜㅠㅡㅣ 의 열하나인대, 그중에 ㅑㅕㅛㅠㆍ가 홋소리가 아니오 거듭소리인 것은 한흰샘(周時經)스승 님께서 이미 밝혀내신 것이니라。 또 訓民正音에는 ㅐㅒㅔㅖㅘㅙㆌㄱㅢㅕㅝㅖㅙㅞㆌ의 소리를 들어 말하지 아니하였으되, 그대부터 이러한 소리를 實地에 쓰었음은 밝은 事實이라 할 수 있나니라(넷재조각訓民正音叅照)。 그런대 이 ㅐㅒㅔㅖ…… 들 가운대에, ㅐㅔ 두 소리가 홋홀소리이라고 잡기는 이미 우리 흰못 金科奉언니가 말슴한바이어니와; 이제 나는 이에 ㅚ를 더하여, 우리나라의 홋홀소리를 모다 아홉으로 잡았노라。 담에 그 까닭을 가지가지 벌여 적노라。

1)。 ㅐㅔㅚ는 아모리 길게 내드라도, 언제든지 ㅐㅔㅚ소리 그대로이오, 決코 다른 소리로 바꾸힘이 없나니: 이것이 ㅐㅔㅚ가 홋홀소리되는 첫재 까닭이니라。 이에 反하야 ㅑㅕㅛㅠ……는 길게 내면, ㅏㅓㅗㅜ……만 남나니. 이는 그것이 홋홀소리가 아닌 때문에, 먼저 난 홀소리는 살아지고, 나종 나는 소리만 길게 남이니라。

勿論 서울에서는 "외"(瓜)를 더러 "오이"로 내는 수가 있지마는, 이는 平安道에서 더러 "새"(鳥)를 "사이"로 내는 것과 같으니, 두 가지가 다 바르지 못하니라。

2)。 ㅏ와ㅣ, ㅓ와ㅣ, ㅗ와ㅣ가 各各 거듭하여서 ㅐㅔㅚ가 되지 아니하는 것은 아니다. 보기를 들면, "사이"를 "새"(間)라 하며, "어버이"를 "어베"라 하며, "보이"(示)를 "뵈"라 하는 것들과 같은 것

이다。 그렇지마는 그 거듭(合)하여서 된 소리가 ㅑㅕㅛㅠ……의
거듭소리와 같지 아니함은 앞에 (1)에서 말함과 같나니라。그뿐
아니라,그 거듭하는 법이 ㅑㅕㅛㅠ……의 거듭하는 법과 서로 다
르니라。곧 ㅑ는 ㅣㅏ의 거듭이니, ㅣ가 먼저 나고, ㅏ가 나종 나는
것이며; ㅕ는 ㅣㅓ의 거듭이니, ㅣ가 먼저 나고, ㅓ가 나종 나는 것
이며; ㅛ는 ㅣㅗ의 거듭이니, ㅣ가 먼저 나고, ㅗ가 나종 나는 것이
며; ㅠ는 ㅣㅜ의 거듭이니, ㅣ가 먼저 나고, ㅜ가 나종 나는 것이니
라。그런데 ㅏ와 ㅣ의 거듭인 ㅐ는, ㅏ가 먼저 나고 ㅣ가 나종 나
는 것도 아니오, ㅣ가 먼저 나고 ㅏ가 나종 나는 것도 아니며, 또 ㅏ
도 아니오, ㅣ도 아니오, ㅏ와 ㅣ의 사이소리이니라。이와 같은 까
닭으로, ㅔ는 ㅓ와 ㅣ의 사이소리, ㅚ는 ㅗ와 ㅣ의 사이소리이니
라。다시 말하면, ㅣ와ㅏ, ㅣ와ㅓ, ㅣ와ㅗ, ㅣ와ㅜ, ㅣ와ㅡ의 거듭
은 때에서(時間上으로) 앞뒤를 잇는 것이지마는; ㅏ와ㅣ, ㅓ와ㅣ, ㅗ
와ㅣ의 거듭들은 때의 앞뒤를 잇는 것이 아니라, 빈얼(空間)의 두
자리(二位置點)의 가운대를 取하는 것이니, 이는 마치 物理學에서
풀이하는 "힘의모힘"(力의合成)과 같이, 서로 다른 쪽(方向)을 보
(向하)고 움주이는 두 힘이 모히면, 그 사이의 쪽을 보고 움주이
게 되는 것과 같나니라。

　3)。이와 같이, ㅣ와ㅏ, ㅣ와ㅓ, ㅣ와ㅗ, ㅣ와ㅜ의 거듭과 ㅏ와ㅣ
ㅓ와ㅣ, ㅗ와ㅣ의 거듭은 그 들어난 結果가 서로 그 性質(바랑)이
다를뿐 아니라, 그 거듭하는 법이 서로 같지 아니한즉, 이 두 가지
의 거듭을 서로 따로 가르(區別하)는 것이 옳으니라。그러므로 나
는 이먼저 草稿에서는 ㅑㅕㅛㅠ……를 반거듭(半重母音)이라 하

고, ㅐㅔㅚ를 온거듭(全重母音)이라 하야, 두 가지를 가르었지마는; 이리하여서는 이를 배호기에 어려울뿐 아니라, 만약 두 소리가 모혀서 한 딴 소리가 되었다는 까닭만으로써 그 딴 소리인 ㅐㅔㅚ를 거듭소리라 할진대; ㅘ가 ㅏ와 ㅜ의 사이소리 (日本에서는 アウ를 オ로 냄) 이오, ㅓ가 ㅏ와 ㅡ의 사이소리인 것은 ㅐ가 ㅏ와 ㅣ의 사이소리이오, ㅔ가 ㅓ와 ㅣ, ㅚ가 ㅗ와 ㅣ의 사이소리임과 다름이 없은즉, ㅘㅓ도 거듭소리이라 하여야할 것이어늘; 이미 ㅘㅓ가 거듭소리가 아니인즉, ㅐㅔㅚ도 거듭소리가 아니라 할 것이니라。 그러한즉 ㅘㅓ는 따로 글씨를 만들었지마는, ㅐㅔㅚ는 옛적부러 따로 그 글씨를 만들지 아니함이 그 다름이 될따름이니라。 다른나라에서는 ㅐㅔㅚ의 소리를 딴 글씨로 나타내는 대가 있나니라。

   4)。 이러하게 말함에 對하야, 누구든지 끄어낼만한 물음(疑問)이 있도다。 끈 ㅏ와 ㅣ, ㅓ와 ㅣ, ㅗ와 ㅣ가 서로 모히어서 그 사이소리를 나타내었은즉, ㅜ와 ㅣ, ㅡ와 ㅣ도 모히어서 그 사이소리를 일을 것인데; ㅐㅔㅚ는 한 홋홀소리로 잡으면서, ㅟㅢ는 홋홀소리로 잡지 아니하였음은 무슨 까닭인가? 이 물음은 當然한 물음이다。 ㅜ와 ㅣ, ㅡ와 ㅣ의 사이소리도 한 홋홀소리로 될수 있는 것이다。 저 理想的으로 可能한 홀소리그림틀을 만든 Bell 과 Sweet 에 따를 것 같으면, ㅜ와 ㅣ의 사이소리인 홀소리가 있다。그뿐지마는 우리 말에 質地에 쓰히는 ㅟㅢ는 다 ㅜ와 ㅣ, ㅡ와 ㅣ의 사이소리가 아니오, ㅑㅕ……와 같은 바탕의 거듭으로, ㅜㅡ가 먼저 나고 ㅣ가 나종 나나니: 이를 길게 낼것같으면, 다만 ㅣ만 남는 것이 ㅑㅕ…… 들에서와 한가지이니라。 다만 地方을 딸아서 ㅟ를 ㅜㅣ의 사이소

리, ㅓ를 ㅡㅣ의 사이소리로 내는 대가 있으나, 그것으로 우리말의 標準소리를 삼지 못할 것이니라.

둘재목 홋홀소리의내는법

（單 母 音 의 發 音 法）

19 여기서부터 낱낱의 홋홀소리의 내는법을 말하겠다.

（1）。ㅣ（이）。는 혀앞바닥을 아주 높이어 센입웅(硬口蓋)에 가깝게하고, 턱모(顎角)는 적게하여 아래웃니가 서로 떨어질락말락 하게하고, 목청을 떨어울리어 내는 소리(끝홀소리)이니: 이를 뚝뚝 하게 내랴면, 입살을 옳은쪽과 왼쪽으로 당기어 들이게 되나니라. 말에 보기를 들면:

이튿(翌日) 일곱(七) 이러하다의 첫소리이며,

짐(荷物) 길(道) 침(唾) 의 가온대소리이며,

비(雨) 씨(種子) 키(身長) 의 끝소리이니라.

이 ㅣ를 낼적에, 혀와 센입웅의 사이를 더 좁으리면, 갈이닿소리 (磨擦子音)(獨逸말의 j, 英語의 y)가 되나니라.

（2）。ㅏ（아）。는 혀바닥의 가온대를 조끔 든듯이 하고, 두 턱모 를 크게하여 입살을 널리 벌이고 내는 홀소리이니: 소리가온대에 가장 뚝뚝한 소리이니라. 말에 보기를 들면:

아부지(父) 아기(兒) 알(下) 의 첫소리이며,

감(柿) 달(月) 발(足) 의 가온대소리이며,

자(尺) 다(皆) 하(爲) 의 끝소리이니라。

ㅏ를 소리낼 적에는, 그 혀의 자리를 딸아서, 앞에ㅏ, 가온대ㅏ,

뒤에 ㅏ의 세가지로 난후나니: 앞에 ㅏ는 ㅐ에 갓갑고, 뒤에 ㅏ는 ㅓ에 가까운 것이며, 가온대 ㅏ가 본 ㅏ이니, 우리말의 ㅏ는 이 가온대 ㅏ이니라. 그러하지마는 말을 딸아서는, 앞에 ㅏ, 뒤에 ㅏ가 아조 나지 아니함은 아니니라.

(3)。 ㅡ(으)。는 혀바닥을 훨신 높이어서 여린입웅(軟口蓋)에 가깝게하고, 턱모(顎角)는 아주 적게하여 아래웃앞니(門齒)가 서로 우알로 떨어지지 아니하게 하고, 입살은 좁게하여 내는 홀소리이니: 이를 뚝뚝하게 내랴면, 저절로 입살을 옳은쪽과 왼쪽으로 당기어 들이게 되는 것이 맞치 ㅣ에서와 같으니라. 말에 보기를 들면:

은잔(銀杯)　울(글울본다)　은(일은많다)　의 첫소리이며,

글(文)　끝(末)　뜻(意)　의 가온대소리이며,

그(其)　쓰(用)　크(大)　의 끝소리이니라.

우에 말한 ㅣ, ㅏ, ㅡ 세 홀소리는 둥글업지 아니한 홀소리의 세모(三角形)의 한 모씩을 일운 소리이니(그림 4): ㅣ는 홀소리가 읍대에 가장 앞에서나는 높은 자리의 소리이며, ㅡ는 가장 뒤에나는 높은 소리이며, ㅏ는 가온대에서 나는 소리이니 홀소리가온대에 가장 혀바닥이 낮은 소리이니라.

(4)。 ㅓ(어)。는 ㅏ와 ㅡ의 사이소리이니: ㅏ를 내어서 그 소리를 그치지 아니하고, 점점 입꼴을 바꾸어서 ㅡ로 소리가 옮아가자면, 반듯이 그 중간에 ㅓ소리가 되나니라. 그 내는법은 혀뒤바닥을 높이되 ㅡ보다는 좀 덜하게 하고, 턱모는 크게하되 ㅏ보다는 적게하며, 입을 널리 벌이어 입안(口腔)의 앞쪽이 넓도록 하여서

내나니라。이때에 턱모를 더적게하면, ㅡ가 되고; 입살을 둥글게하면, ㅗ가 되나니라。 말에 보기를 들면:

어머니(母) 얼(精神) 어대(何處) 의 첫소리이며,

범(虎) 먹(墨) 벌(蜂) 의 가온대소리이며,

너(汝) 저(彼) 터(基) 의 끝소리이니라。

(5)。ㅐ(애)。는 ㅏ와 ㅣ의 사이소리이니: ㅏ를 내어서 그 소리를 그치지 아니하고, 점점 입꼴을 바꾸어서 ㅣ로 소리가 옮아가게 하면, 그 중간에 반듯이 ㅐ소리가 나나니라。그 내는법은 혀앞바닥을 높이되 ㅣ보다는 낮게하며, 턱모는 ㅏ보다는 적게, ㅣ보다는 크게하야서 내나니라。말에 보기를 들면:

앵도(櫻桃) 애고(哭聲) 애기(兒) 의 첫소리이며,

뱀(蛇) 샘(泉) 맥(脉) 의 가온대소리이며,

개(犬) 새(鳥) 해(太陽) 의 끝소리이니라。

(6)。ㅔ(에)。는 ㅓ와 ㅣ의 가온대소리이니: 혀바닥의 앞(조금 뒤)을 높이되 ㅣ보다는 낮게하고, 턱모는 ㅣ보다 크게하여 내는 홀소리이니; ㅐ에 가까우되, ㅐ와 다르니라。끝 혀바닥이 ㅐ보다 조금뒤가 되며, 혀가 ㅐ보다 높으며, 턱모는 ㅐ보다 적으니라。말에 보기를 들면:

에(집에간다) 에미(母) 에다(살을에다) 의 첫소리이며,

셋(三) 셈(數, 計算) 겠(또보겠다) 의 가온대소리며,

게(蟹) 세(數, 計算) 네(汝) 의 끝소리이니라。

(7)。ㅜ(우)。는 혀뒤바닥을 높이어 여린입웅에 가깝게하고, 턱모는 적게하고, 입살을 아주 둥글업게하여서 내는 홀소리이니, 그

나는 자리가 ㅡ와 같으되. ㅡ는 입살이 둥글읍지 아니하지마는, ㅜ 는 입살이 둥글었으며, 또 턱모는 ㅜ가 ㅡ보다 크니라。ㅜ는 둥근 홀소리의 가장 뒤높은 소리이니라　말에 보기를 들면:

　　우리(我等)　움(土窟)　웃음(笑)　의 첫소리이며,

　　굴(蠣)　붓(筆)　물(水)　의 가온대소리이며,

　　옥수수(玉蜀黍)　큰수(大幸運)　무우(菁根)　의 끝소리이니라。

　　(8)。ㅗ(오)。는 ㅏ와 ㅜ의 사이소리이니: ㅏ를 내어서, 그 소리 를 그치지 아니하고, ㅜ로 옮기어 가면, 그 중간에 ㅗ소리가 되나 니라。그 내는법은 혀바닥을 약간 높이되 ㅜ보다는 조금 낮게하 며, 턱모는 ㅜ보다 크게하며, 입살은 둥글게하되 ㅜ보다는 크게하 여 내는 홀소리이니; 말에 보기를 들면:

　　온(百)　올벼(早稻)　올해(今年)　의 첫소리이며,

　　곰(熊)　봄(春)　돌(石)　의 가온대소리이며,

　　조(粟)　보(褓)　소(牛)　의 끝소리이니라。

　　(9)。ㅚ(외)。는 ㅗ와 ㅣ의 사이소리이니: 혀가온대바닥을 ㅗ보 다는 높이고, 턱모는 ㅗ보다 적게하고, 입살은 ㅗ의 둥근것을 좀 옆으로 늘인 것이 되게 하여서 내는 홀소리이니라。말의 보기를 들면:

　　외(瓜)　욀총(暗記力)　왼손잡이(左手利用人)　의 첫소리이며,

　　뫼(山)　되(升)　쇠(鐵)　의 끝소리이니라。

　　(잡이)。둥근 홀소리의 세모(三角圖)의 앞모를 차지할 소리 끝 둥글지 아니한 ㅣ에 相當한 홀소리가 다른나라에서는 있는 대가 있지마는, 우리말에서는 없나니라。

우에도 말하였거니와, 홋소리의 셈은 이밖에도 많이 있겠지마는, 우리말에서는 이 아홉가지만 쓰히나니라。

셋재목 홋닿소리의갈래

(第三項 單子音의種類)

홋닿소리의셈

20 홋닿소리도 나라말에 딸아서 서로 같지 아니하나니, 우리나라말에는 ㄱㄴㄷㄹㅁㅂㅅㆁㅈㅎ 모다 열이니라。이밖에 ㅊ, ㅋ, ㅌ, ㅍ은 거듭닿소리이니, 이 담에 말할 것이다。

내는법으로본네가지

21 닿소리의 갈래는, 그 내는법으로 보아, 담의 네 가지로 난호나니(便宜上 거듭닿소리도함께넣어서):

(1)。코소리(鼻音)。는 입길을 꽉 막고, 코길을 열어 두어, 목에서 나오는 숨이나 소리를 코로 내어보내는 소리이니: 이를 또 닫침소리(密閉音)이라고도 하나니라。곧 ㅁㄴㅇ같은 것이며,

(2)。터짐소리(破裂音)。는 입길과 코길을 한꺼번에 다 막았다가, 목에서 나오는 숨이나 소리로써 입길을 터지우(터뜨리)고 내는 소리이니: ㅂㅍㄷㄹㅈㅊㄱㅋ같은 것들이며,

(3)。흐름소리(流音)。는 혀를 굴리어서 흘리어 내는 소리이니: ㄹ같은 것이며,

(4)。갈이소리(磨擦音)。는 입살과 입살, 혀와입웅, 목청과목청을 서로 갈아서 내는 소리이니: ㅸㅿㅅㅎ 같은 것들이니라。

나는자리로본다

22 닿소리의 갈래는 다시 그 나는 자리를 보아서, 담의 다섯가지로 크게 가를수가 있나니:

(1)。두입살소리(兩脣音)는 두 입살 사이에서 나는 소리이니:

ㅂㅍㅁㅅㅿ 같은 것들이며(訓民正音에서 唇音),

(2)。혀끝소리(舌端音)。는 혀끝과 웃닛몸 사이에서 나는 소리이니: 또 니ㄷ몸소리(斷音)이라고도 하나니라。ㄷㅌㄴㄹ들이며(訓民正音의 舌音),

(3)。혀바닥소리(舌面音)。은 혀바닥과 센입웅 사이에서 나는 소리이니: 또 입웅소리(口蓋音)이라고도 하나니라。ㅈㅊㅅ↑ 같은 것들이며(訓民正音의 齒音),

(잡이)。ㅅ은 ㅈㅊ보다는 조끔 앞쪽이니, 앞에 든 혀끝소리에 가깝으니라(담목ㅅ의내는법 參照)。

(4)。혀뿌리소리(舌根音)。는 혀뿌리와 여린입웅과의 사이로 나는 소리이니: ㄱㅋㅇ들이며(訓民正音의 牙音),

(5)。목청소리(聲帶音)。는 목청사이에서 나는 소리이니: 또 목소리(喉音)이라고도 하나니라。ㅎ가 곧 그것이며, ㅊㅋㄷㅍ도 한쪽은 목소리이니라(訓民正音의 喉音)。

23　이제 우에 적은 소리내는법과 소리내는자리의 두가지의 갈래를 한틀(一表)로 들어내면, 담과 같음。

내는법 \ 나는자리		두입살	닙몸 혀끝	입웅 혀바닥	목젖 혀뿌리	목 청
코 소 리	맑은					
	흐린	ㅁ	ㄴ	(ᅌ)	ㆁ	
터짐소리	맑은	ㅂ[ㅍ]	ㄷ[ㅌ]	ㅈ[ㅊ]	ㄱ[ㅋ]	
	흐린	(ㅂ)ㅃ	(ㄷ)ㄸ	(ㅊ)ㅉ	(ㄱ)ㄲ	
흐름소리	맑은					
	흐린		ㄹ			

갈 이 소 리	맑 은			ㅅ ㅆ		ㅎ ㆁ
	흐 린	수 소		ㅿ		

(잡이)。(1) 우의 보기들에서,( )표는 소리는 있으되,따로 글씨를 만들어 쓰지 아니하는 것이오; ▢표는 예전에는 있었으나,이제는 쓰지 아니하는 것이오;〔 〕표는 거듭소리임을 나타낸 것이라。

(2) ㅊㅋㅌㅍ은 맑은소리 가운대에서 목갈이소리(有氣音) 或은 激音이라 하는 것이니라(ㅎ만을목갈이소리라고도함)。

(3) ㅈㅊ은,터짐소리 가온대에서도 그 터지는 힘이 ㅂㅍㄱㅋ보다 여리(弱하)어서,얼마큼 갈이소리의 바탕을 띤듯하니라。

넷재목 홋닿소리의내는법
(單子音의發音法)

24 코소리(鼻音) (또는닫침소리) (密閉音)

(1) ㅁ(미음)。두 입살로써 입길을 꽉 막아서,목에서 나오는 소리를 목젖 뒤로 말미암아 코길로 나오게 하여 된 흐린소리이니; 말에 보기를 들면:

마(南) 먹(墨) 못(池) 의 첫소리이며,

아모(某) 우무(寒天) 어미(母) 의 가온대소리이며,

검(神) 감(柿) 꿈(夢) 의 끝소리이니라。

(붙이)。닿소리 글자의 이름에 關하여는 여러 가지의 說이 있음을 본다。그 하나는「그느드르므브스으즈츠크트프흐」로 부르자는 것이니;그 理由는 命名에 統一이 있으며,부르기 쉬우며,배호기 쉽다는 것이다。그 까닭이 그럴듯도하기는 하지마는 이

는 다만 책상우 空理에 지나지 못한 것이오, 實際에는 맞지 못한 것이다。 첫재 "그" 라 하면, "ㄱ" 을 가르킴인지 "그"를 말힘인지 분간하가 어려우며; 둘재 홋낱내(單音節)의 이름은 부르기는 쉽지마는, 분간해 듯기가 어렵으며; 셋재 예전부러 써 나려오던 이름을 졸지에 고치기 때문에, 不便한 일이 많이 생기나니; 이를 하면, "낫놓고 기역자도모른다"는 말은 없어지든지 혹은 그양 쓴다 할지라도 그 뜻을 깨치기 어려우며, 또는 "그자도모른다" 로 고친다 하드라도 그 말의 힘이 여려질 것임과 같은 따위이다。 그러므로 나는 그 說을 取하지 아니하노라。

　또 하나는 예전 訓蒙字會에 적힌 그대로 "기역(其役) 니은(尼隱) 디귿(池末) 리을(梨乙) 미음(眉音) 비읍(非邑) 시읏(時衣) 이응(異凝) 지(之) 치(齒) 키(箕) 티(治) 피(皮) 히(屎)" 로 읽자 한다。 이 說은 大槪 傳統을 重히녀기는 대에 있나니 一面의 理致가 있지마는, 나는 여기에도 贊成할수가 없다고 생각한다。 그 중에도 ㄱㄴㄷㄹㅁㅂㅅㆁ의 이름은 두 낱내 (그 소리를 첫소리와 끝소리로 삼은)로 지으면서, ㅈㅊㅋㅌㅍㅎ (이밖에 △ㅿ(而) ㅇ이(伊)가 있음)의 이름은 다 한낱내 (그 소리를 첫소리로 삼은)로 지은것은, ㄱㄴㄷ……은 첫소리와 끝소리 (받침소리) 로 두루쓰히지마는 ㅈㅊㅋㅌㅍㅎ은 첫소리로만 쓰힌다는 생각에서, 나온 일이다。 그러나 그렇지 아니한 것은 오늘의 우리가 다 아는바인즉, 구태여 그러한 偏見을 固執할 必要가 없을 것이다。 끝 ㅈㅊㅋ……도 ㄱㄴㄷ……과 같이 두 낱내의 이름을 지어야할 것이다。 이리하여 담과 같이 닿소리를 이름짓는 것이

옳다고 세우고자한다。

ㄱ 기역 ㄴ 니은 ㄷ 디귿 ㄹ 리을 ㅁ 미음 ㅂ 비읍

ㅅ 시읏 ㆁ 이응 ㅈ 지읒 ㅊ 치읓 ㅋ 키읔 ㅌ 티읕

ㅍ 피읖 ㅎ 히읗

이제 이와 같이 이름짓는 까닭을 다시 말할진대: (1) ㄱㄴㄷㄹㅁㅂㅅㆁ 여덟 글씨는 訓蒙字會를 딸았노니, 이는 그 이름이 이미 世間에 쓰히어 온지가 오래매, 一般이 다 잘 아는 바이며, 또 서로 사이에 區別도 잘 되어 있기 때문이오; (2) ㅈㅊㅋㅌㅍㅎ 여섯은 訓蒙字會를 따르지 아니하고, 새로 이름지었노니, 이는 訓蒙字會의 이름이 本是 一種의 偏見에 基因하였을뿐아니라, 그것이 또한 一般에게 잘 익어 쓰히지도 아니하였은즉, 그를 이제 모든 要件에 맞도록 새로 이름짓드라도, 아모 拘碍가 없고, 더욱 便利할뿐이기 때문이다。

여기에 또 하나 다른 생각이 있나니: 곧 金枓奉님은 ㄱ에서 ㅎ까지 모다 一定한 形式으로 "기윽 니은 디읃 리을 미음 비읍 시읏 이응 지읒 치읓 키읔 티읕 피읖 히읗"으로 하자 하나, 이것은 다만 整齊의 要求만 滿足시길뿐이오, 아모 다른 便益을 주지 몯할뿐아니라, 實際에 있어서 도리혀 不便만 있을 따름이기로, 이 說을 取하지 아니하였노라。그리하여 나는 ㄱ에서 ㆁ까지는 예전부터의 이름을 쓰고, ㅈ에서 ㅎ까지는 偏見에 잡힌——더구나 一般으로 익게 쓰히지도 아니한 옛 이름을 버리고, 整齊合理한 새 이름을 지었노라。

(2)。ㄴ(니은)。혀끝과 웃닛몸과를 닿이어서 목에서 나오는 소

리를 막아서, 코로 내어 보내서 된 흐린소리(濁音)이니, 말에 보기를 들면:

　나(我)　너(汝)　노(繩)의 첫소리이며,

　아니(不)　오누(兄弟姉妹)　어느(何)의 가온대소리이며,

　온(百, 全)　본(模範, 法)　선(人物鑑定)의 끝소리이니라。

　(3)。ㆁ(이웅)。 혀뿌리를 목젖에 닿이어 입길을 막고, 목에서 나오는 소리를 코로 내어 보내어서 된 흐린소리이니; 말에 보기를 들면:

　으(으!그러냐?)　아지(색기)의 첫소리이며,

　이어(鯉)의 가온대소리이며,

　장(市)　뽕(桑)　공(毬)　의 끝소리이니라。

　(붙이)。 우리말에 쓰히는 닿소리의 코소리로는 예사로 우에 적은 ㅁㄴㆁ 셋뿐으로 알지마는, 실상은 글씨는 없지마는 코소리가 또 하나 있나니, 곧 "니"의 ㄴ은 "나너노누느"의 ㄴ과 다르니라。 "니"의 ㄴ은 혀끝과 웃니ㄷ몸에서 나는 것이 아니오, 그 자리가 뒤로 입웅으로 물러가서, 혀바닥과 센입웅사이에서 나나니라。 "디"를 "지"라 하며 "티"를 "치"라고 내는 것도 또한 이와 같이 그 나는 자리가 입웅으로 물러감이니; 이러한 들어남(現象)을 소리갈에서 "입웅소리되기(口蓋音化)"라 하나니라。 이 입웅소리된 ㄴ을 소리갈에서는 ȵ(萬國聲音學會記號)로 적나니, 우리글에서는 예사로 쓰는 대에는 따로 글씨를 만들지 아니하여도 핀챦을 줄로 생각하노라(다만 꼭 쓸대가 있는 경우에는 "ㅥ"로 적음)。

　25　터짐소리(破裂音)。 터짐소리의 뜻은 우에 이미 말하였거니

소
리

와, 이제 다시 그 막음을 터지울(트어뜨릴) 때까지의 지남(過程)을 보면, 두 가지의 충재(層階)가 있나니라。첫재는 그 소리가 터질 때까지는 아모 소리가 나지 아니하고, 다만 목에서 나오는 숨이나 소리가 꽉 막히어서, 소리가 피는 충개이니, 이를 막힘(閉鎖, 蓄積)충개이라 하며; 둘재는 그 막힘을 드디어 터지우(트어뜨리)고, 각종에 소리가 나서, 우리 귀에 들어오는 충개이니, 이를 터짐(破裂)충개이라 하나니라。

우리 나라 말에서는 터짐소리가 받침소리로 그치어 그 담에 다른 닿소리나 홀소리가 잇지 아니할 적에는 (보기: 밥, 먹, 꽂, 젖, 벌, 밭, 부엌, 닭), 그 첫재 충개 막힘뿐 이오, 터짐의 들어남(現象)은 조꼼도 일어나지 아니하나니; 이것만으로써는 소리를 뚝뚝하게 깨치기 어렵은 적이 많으니라。그뿐아니라 그 나는 자리가 서로 같은 터짐소리(보기: ㅂ과ㅍ, ㄱ과ㅋ, ㅈ과ㅊ, ㄷ과ㅌ)가 받침소리로 그칠 적에는 서로 같아지나니라。

담에 터짐소리의 날날의 내는법을 말하겠노라。

(4)。ㅂ(비읍)。목젖으로 코길을 막고, 두 입살로 입길문을 꽉 막았다가, 입살을 탁 터지우고 내는 말소리이니; 말에 보기를 들면:

발(足) 벼(稻) 비(雨) 의 첫소리이며,

아비(父) 어베(親) 우비(雨備) 의 가온대소리이며,

집(家) 갑(價) 놉(雇傭) 의 끝소리이니라。

(잡이)。ㅂ이 본대는 맑은소리이지마는 흐린소리의 담에 올 적에는 흐린소리로 바꾸히는 일이 있나니; 우리말에서의 예사 보기를 들면;

아버지(父)　우비(雨備)

들과 같이 홀소리의 앞에서 나는 ㅂ과

감발(纏足)　남비(鍋)　굴비(乾石首魚)　공부(工夫)

들과 같이 흐린닿소리 앞에서 나는 ㅂ은 예사로 흐린소리로 나나니라。

(5)。ㄷ(디귿)。목젖으로 코길을 막고, 혀끝으로 웃닛몸에 닿이어 입길을 꽉 막았다가, 목에서 나오는 숨으로 이 입길을 터지우고 내는 맑은소리이니; 말에 보기를 들면:

다(皆)　더(益)　둘(二)　의 첫소리이며,

어대(何處)　우두(牛痘)　이두(吏讀)　의 가온대소리이며,

벋(友)　받(受)　곧(直, 即)　의 끝소리이니라。

(잡이)。ㄷ도 ㅂ과 같이 흐린소리 앞에서는 흐린소리로 나는 일이 있나니; 말의 보기를 들면:

아들(子)　버들(柳)　어대(何處)

들과 같이 홀소리 아래의 ㄷ과

간다　남도(南道)　강당(講堂)

들과 같이 흐린 닿소리 아래의 ㄷ은 흐린소리로 나는 것이 예사이니라。

(6)。ㅈ(지읒), 목젖으로 코길을 막고, 혀바닥으로 센입웅에 닿이어서 입길을 막았다가, 내어쉬는 숨으로 입길을 터지우고 내는 맑은소리이니; 말에 보기를 들면:

자(尺)　조(粟)　짐(荷物)　의 첫소리이며,

아주(全然)　어제(昨日)　오지(陶器의一種)　의 가온대소리이며

낮(晝) 젖(乳) 빚(債務) 의 끝소리이니라。

(잡이)。ㅈ도 ㅂㄷ과 같이 흐린소리 알에서는 흐린소리로 나는 일이 있나니; 말에 보기를 들면:

아즈머님 어제 아즉(姑)

들과 같이 홀소리알에 ㅈ과

진지(食事) 먼지(塵) 감주(甘酒)

들과 같이 흐린 닿소리알에 ㅈ은 흐린소리로 나는 수가 있나니라。

(7)。ㄱ(기역)。목젖으로 코길을 막고, 혀뿌리를 높이어서 여린 입웅 뒤쪽에 닿이어서 입길을 꽉 막았다가, 나오는 숨으로 이를 터지우고 내는 닭은소리여니; 말에 그 보기를 들면:

가을(秋) 고기(魚) 그믐(晦) 의 첫소리이며,

아기(兒) 오기(來) 어구(口) 의 가온대소리이며,

먹(墨) 북(皷) 독(瓮) 의 끝소리이니라。

(잡이)， ㄱ도 ㅂㅈㄷ과 같이 흐린소리로 내는 수가 있나니; 말에 보기를 들면:

아기 애개!

들과 같이 홀소리 알에 ㄱ과

감긔(感氣) 정거장(停車場) 반깁(歡迎)

들과 같이 흐린 닿소리 알에 ㄱ은 흐린 소리로 나는 수가 있나니라。

26 흐름소리(流音)

(8) ㄹ(리을)。혀끝을 웃닛 몸에 살작 닿이었다가 떼면서, 목에서 나오는 소리를 흘리어 내는 소리이니; 말에 보기를 들면:

룰(차를탄다) 로 (사람은 쌀로산다) 려 (범을보려가오)
의 첫소리이며,

아래(下) 우리(我等) 이리(此方) 의 가온대소리이며,

알(卵) 불(火) 벌(原) 의 끝소리이니라。

(잡이)。ㄹ이 받침소리로 그칠 때에는 ㄹㄹ로 내는 것이 우리말의
예사이니라。그러나 그 담에 홀소리가 오면,도로 ㄹ로 내는 것이
예사이며; 닿소리가 올 적에는, 바로 ㄹ로 내기도 하고,그냥 ㄹㄹ로
내기도 하며,또 ㄷ려는 아조 안내기도 하나니라。

27 갈이소리(磨擦音)

(9) ㅅ(시옷)。혀끝(맨끝은 아니고 ㄷ보다는 뒤이니, 차라리
혀 앞바닥)을 높이어 센입웅에 가깝게하고,내쉬는 숨으로 사이를
갈아 내는 맑은 소리이니; 말에 보기를 들면:

시모(衣帽) 소(牛) 술(酒) 의 첫소리이며,

아시 어서(速히) 우세(取笑) 옷이(衣가) 의 가온대소리이며,

빗(櫛) 붓(筆) 낫(鎌) 다룻(觸角) 의 끝소리이니라。

(잡이)。ㅅ은 그 나는 자리의 앞뒤를 딸아, 여러 가지로 가를수
가 있나니;가장 앞에것은 혀끝으머리에서 나는 것이니,印度의 ㅅ
이그첫이오; 그 담에 그보다 안에것은 혀끝(앞바닥에가까운)과 센
입웅(닐몸)사이에서 나는 것이니, 우리의 ㅅ과 英獨의 普通의 S가
그것이오;그 담에 가장 뒤에서 나는 것은 혀바닥과 센입웅(뒤쪽)
과의 사이에서 나는 것이니,萬國聲音學會 記號 ʃ(英Sh)와 日本語
ꖷ의 子音ㅅ이 그것이라。우리말에서는 平安道말에서의 "샤셔쇼
슈시"의 ㅅ이 여기에 가깝으니라。

ㅅ이 받침소리로 그칠 적에는, 갈이 소리가 나지 아니하고, 터짐 소리 모양으로 막힘(閉鎖)만 들어나나니: 이러므로 낟(穀) 낮(晝) 낫(鎌) 이 서로 같이 들리나니라。그러나 알에 홀소리가 오면, ㅅ이 확실히 갈이소리로 나나니라。

(10) ㅎ (히읗)。목청을 좁으리어서 내쉬는 숨(ㅗ)을 갈아 내는 맑은소리이니; 말에 보기를 들면:

하로(一日) 허리(腰) 호초(胡椒) 의 첫소리이며,

조히(紙) 어허(嘆聲) 여호(狐) 의 가온대소리이며,

좋(好) 낳(産) 쌓(積) 의 끝소리이니라。

(잡이)。ㅎ는 그 소리가 여린(弱) 때문에, 흔이 나지 아니 하는 수가 있으며 (여호를여오, 조히를조이, 천하를천아 라 하는 따위), 또 받침소리로 그칠 때에는 그 있음(存在)을 끝 알아보기가 어렵으니라。(그 있음을 뚝뚝이 들어내기 爲하여 ㅅ으로 내기도 합)

(붙이) 우리말에 예사로 쓰히는 홋닿소리는 우에 적은 열뿐이지마는, 이밖에 ㅣㅗㅜ 세 홀소리가 다른 홀소리의 앞에서 그 뒤에 홀소리와 거듭할 적에는, 닿소리의 껌목(資格) 으로 닿소리의 노릇(職能)을 하나니, 이도 또한 닿소리로 볼수가 있나니라。(다암 가름을 보라)。

셋재조각 거듭소리
(第三節 重音)

28 거듭소리이라 하는 것은 둘 더되는 홀소리끼리 또는 닿소리끼리 모히어서 한덩이가 된 소리를 이름이니라。

첫재목　거듭홀소리(重母音)

29　거듭홀소리는 ㅣㅗㅜ 세 홀소리가 다른 홀소리의 앞에서 그 뒤에 홀소리와 거듭하야 한덩이로 된 소리를 이름인대; 이대에 앞에가는 ㅣㅗㅜ 세 소리는 닿소리의 껌목(資格)으로 닿소리의 노릇(職能)을 하나니; 첫재 그 나는 동안을 길게할수 없으며, 둘재 그 내는법이 조끔 다름이 있나니, 곧 ㅣ는 예사 홀소리 ㅣ보다 혀가 좀 더높으며, ㅗ는 예사 ㅗ보다 아래우 입살이 더가까워져서 ㅜ에 가까우며 (그러므로 와를 워로도 내는 수가 많음), ㅜ도 두 입살이 더좁율어지는 못하니라。

이와 같이 다른 홀소리와 거듭할 적에, 닿소리 껌목으로 닿소리 노릇을 하는 홀소리를 西洋에서 반홀소리(半母音)이라 한다。 이제 우리는 예사적과 가르(區別하)기 爲하야, 그우에 ∧표를 더하여 소수ㅣ로 씀이 좋으니라。 勿論 오늘날과 같이 모든 글씨가 한 날내(音節)를 한덩이로 쓰는 대에는, 이러한 가름(區別)을 아니하드라도 괜찮겠지마는, 萬若 우리가 理想으로 바라는 가로글씨에서는 이러한 가름이 없을것같으면, 섞갈힘(錯亂)이 있어, 매우 不便할 것이니라。 이를터면, "ㅗㅏ"를 거듭한 ㅗㅏ(끝와)로 읽어야할지, 거듭하지 아니한 ㅗㅏ(끝오아)로 읽어야할지, 도모지 가름(區別)이 나지 아니하나니라。 그러므로 거듭소리는 소ㅏ로 씨며 아모 섞갈힘이 생기지 아니할 것이니라。

嚴格히 생각하면 한 홀소리는 닿소리의 資格으로 나는 터인즉, 닿소리와 홀소리의 맞나 남이오, 거듭홀소리라고 할 것이 없을 것이

다。그러나 그 닿소리 資格으로 나는 것도 그 原籍은 홀소리에 있
으면서 臨時로 或은 第二次的으로 닿소리와 같이 됨에 지나지 아
니한 것인 때문에 亦是 거듭홀소리라 이름하여 두는 것이다。 이를
터면 "오아서" 가 "와서"로, "그리어서"가 "그려서"로 되는 것은
一時的 닿소리됨이라 할만하며; "와글와글" "워리"의 "ㅗ ㅜ"는 第
二次的으로 닿소리된 것이라 할만하니라。 거듭홀소리에는 ㅣ거듭,
ㅗ거듭, ㅜ거듭의 세 가지가 있다。

30 첫재   ㅣ거듭

ㅣ 거 듭

ㅣ거듭 끝 ㅣ와 다른 홀소리와가 거듭하여 된 거듭홀소리는 다
따로 글씨를 만들었음이 우리글씨의 한 特色이니라。

(1) ㅑ(야)。는 ㅣㅏ의 거듭이니: 이를 길게 내면, ㅏ만 남아서
길어지고, ㅣ는 決코 길어지는 일이 없나니라。 보기를 들면:

"크지않다"를 "크쟎다"라 하며,

"젊지않다"를 "젊쟎다"라 함과 같음。

(2) ㅕ(여)。는 ㅣㅓ의 거듭이니: 이를 길게 내면 ㅓ만 남아
길어지나니라。 말에 그 거듭하는 보기를 들면:

"그림을 그리어서……"를

"그림을 그려서……"라 : 함과 같으니라。

이와 같이 "크지" "젊지"의 ㅣ와 "그리"의 ㅣ는 훌륭하게 홀소
리이던 것이, 말을 줄이어서 빨리 내랴는 사람의 게으름(怠惰)의
바람을 말미암아서 다른 홀소리와 거듭할 적에는, 그만 반홀소리
가 되어 버리나니라。

(3) ㅛ(요)。는 ㅣㅗ의 거듭이니: 이를 길게 내면, ㅗ만 남아서

길어지나니라。말에 그 거듭하는 보기를 들면:

　"그리합시오"를 "그리합쇼"라 함。

　(4) ㅠ(유)。는 ㅣㅜ의 거듭이니: 이를 길게 내면, ㅜ만 남아 길어지나니라。말에 보기를 들면:

　"빠지우다"(빠아트리다)를 "빠쥬다"라 하며,

　"입시울"(脣)을 "입술"이라 함。

　(5) ㅖ(예)。는 ㅣㅔ의 거듭이니: 이를 길게 내면, ㅔ만 남아 길어지나니라。말에 그거듭하는 보기를 들면:

　"그러기에"를 "그려게"라 함。

　(붙이)。이밖에 ㅣ의 거듭으로 된 ㅒ(ㅣㅐ의거듭) ㅢ(ㅣㅢ의 거듭) 들이 있지마는, 우리말에 쓰히는 소리가 아니므로, 여기에 풀이할 맛이 없나니라。(ㅒ는 쓰힌다고도 할수 있다)。

둘재　소거듭과 수거듭

　31 소와 다른 홀소리하고 거듭한 소리 (소거듭)와 수와 다른 홀소리하고 거듭한 소리(수거듭)의 내는법。

　(6) ㅘ(와)。는 소ㅏ의 거듭이니: 이를 길게 내면 ㅏ만 길어지나니라。말에 그 거듭하는 보기를 들면:

　"오아서"를 "와서"라 함。

　(7) ㅙ(왜)는 소ㅐ의 거듭이니: 이를 길게내면, ㅐ만 길어지나니라。말에 그 보기를들면:

　"홰"(炬火) "쾌하다"(快) 들의 ㅙ와 같음(말에 그 거듭하는 보기는 없는듯)。

(8) ㅓ(워)。는 수ㅓ의 거듭이니;이를 길게 내면 ㅓ만 길어지

나니라。 말에 그 거듭하는 보기를들면

"바루어"(바로잡아)를 "바뤄" 라함。

(9) ㅖ(ㅞ)。는 수ㅔ의 거듭이니, 이를 길게 내면, ㅔ만 길어지

나니라。 말에 그 보기를 들면:

"궤"(櫃) "웨"(何故) 의 ㅖ와 같음。

둘재목 거듭닿소리(重子音)

32 거듭닿소리에는 세 가지의 다름이 있나니: 1 섞김거듭닿소

리, 2 덧거듭닿소리, 3 짝거듭닿소리 이니라。

33 첫재 섞김거듭닿소리(混成重子音)

섞김거듭이라 함은, 두 소리가 서로 섞기어서, 어느것이 먼저가

든지 나종가든지 아모 다름이 없이, 다 한가지 소리로 나는 것을

이름이니; 이제 그 낱낱의 소리를 들어 말하겠노라。

(잡이)。 섞김거듭닿소리는 다 ㅎ소리가 어느 닿소리와 거듭하

여 나는 것이니, 이는 ㅎ이 섞길만한 바탕을 가진 때문이니라。

(1)ㅋ(키윽)。 ㄱㅎ나 ㅎㄱ의 섞김거듭。 모든 짓을 다 ㄱ내듯키

하여 입길을 막았다가, ㅎ처럼 소리청을 갈아내는 숨으로써 그 막

음을 르어뜨리고, 나오는 소리이니; 이는 곧 ㄱㅎ의 거듭소리인 까

닭이오; 또 ㄱ을 먼저하고 ㅎ을 나종하나, ㅎ을 먼저하고 ㄱ을 나

종하나, 다 같이 ㅋ으로 나나니; 이는 곧 ㅋ이 ㄱㅎ의 섞김거듭소

리인 까닭이니라。 말에 보기를 들면:

"막히"를 "마키"와 같이 내고,

"좋고"를 "조코"와　이 법과 같으니라。

(2) ㅌ(티읕)。 ㄷ과 이다 ㅎㄷ의 섞김거듭。 모든 짓을 ㄷ내듯키 하여 입길을 막았다가, ㅎ처럼 소리청을 갈아나온 숨으로 이를 터뜨리고, 내는 소리이니: 이는 ㅌ이 ㄷ과의 거듭소리인 까닭이오; 또 ㄷ을 먼저하고 ㅎ을 나종하거나, ㅎ을 먼저하고 ㄷ을 나종하거나, 다같이 ㅌ으로 소리나나니: 이는 곧 ㅌ이 ㄷ과의 섞김소리인 까닭이니라。 말에 보기를 들면:

"밭히"를 "바터"와 같이 내고,

"좋다"를 "조터"와 같이 냄과 같으니라。

(3) ㅍ(피읖)。 ㅂㅎ이나 ㅎㅂ의 섞김거듭。 모든 짓을 다 ㅂ내듯키 하여 입길을 막았다가, ㅎ처럼 소리청을 갈아내는 숨으로 이를 터뜨리고, 내는 소리이니: 이는 곧 ㅍ이 ㅂㅎ의 거듭소리인 까닭이오; 또 ㅂ을 먼저하고 ㅎ을 나종하거나, ㅎ을 먼저하고 ㅂ을 나종하거나, 다같이 ㅍ으로 나나니: 이는 곧 ㅍ이 ㅂㅎ의 섞김소리인 까닭이니라。 말에 보기를 들면:

"잡히"를 "자피"와 같이 내고,

"않밖"을 "안팎"과 같이 냄과 같으니라(않은안의옛말)。

(4) ㅊ(치읓)。 ㅈㅎ이나 ㅎㅈ의 섞김거듭。 모든 짓을 다 ㅈ내듯키 하여 입길을 막았다가, ㅎ처럼 소리청을 갈아서 내는 숨으로 이를 터뜨리고, 내는 소리이니: 이는 곧 ㅊ이 ㅈㅎ의 거듭소리인 까닭이오; 또 ㅈ을 먼저하고 ㅎ을 나종하거나, ㅎ을 먼저하고 ㅈ을 나종하거나, 다같이 ㅊ으로 내나니; 이는 곧 ㅊ이 ㅈㅎ의 섞김소리인 까닭이니라。 말에 보기를 들면:

　“갓후”를 “가추”와 같이 내고,

　“좋지”를 “조치”와 같이 냄。

　우에 적은 섞김거듭닿소리는 따로 만든 글씨이로되, 이밖에도 따로 만들지 아니한 섞김거듭소리가 있나니라。

　(5) ㄴㅎ。ㄴㅎ나 ㅎㄴ의 섞김거듭。모든 짓을 ㄴ내듯키 하되, 다만 ㄴ처럼 소리청을 울리어서 나오는 소리를 막아서 코로 내어 보내는 것이 아니라, ㅎ처럼 소리청을 갈아나오는 숨을 막아서 코로 내어보내는 소리이니: 이는 곧 ㄴㅎ자 ㄴㅎ의 거듭소리인 까닭이오; 또 ㄴ을 먼저하고 ㅎ을 나종하거나, ㅎ을 먼저하고 ㄴ을 나종하거나, 다같이 ㄴㅎ으로 나나니: 이는 곧 ㄴㅎ이 ㄴㅎ의 섞김소리인 때문이니라。말에 보기를 들면:

　“난호”를 “나ㄴㅎ호”와 같이 내고,

　“좋냐”(좋냐는 좋으냐의 줄임)를 “조ㄴㅎ야”와 같이 냄。

　(잡이)。ㄴㅎ은, 그알에 ㄱㄷㅂㅈ들이 올 적에는, ㅎ소리가 뚝뚝이 나지마는, 그밖에 다른 닿소리가 오든지 또는 홀소리가 올 적에는, ㅎ소리가 뚝뚝이 나지 아니하나니: 이는 ㅎ의 소리남이 본대 그리 뚝뚝하지 못한 때문이라。이는 “많다아”와 “많아서”를 견주어 보면 알것이니라。

　(6) ㅎㄹ。ㄹㅎ이나 ㅎㄹ의 섞김거듭。모든 짓을 다 ㄹ내듯키 하되, 다만 ㄹ처럼 소리청을 떨어움죽이어 나온 소리를 흘리어내는 것이 아니오, ㅎ처럼 소리청을 갈아나온 숨을 혀끝으로 흘리어내는 소리이니: 이는 곧 ㄹㅎ이 ㄹㅎ의 거듭소리인 까닭이오; 또 ㄹ을 먼저하고 ㅎ을 나종하거나, ㅎ을 먼저하고 ㄹ을 나종하거나, 다

같이 ㄹㅎ로 나나니: 이는 끝 ㄹㅎ이 ㄹㅎ의 섞김소리인 까닭이라。 말
에 보기를 들면:

　"잘한다"를 "자란다"로 내고,

　"좋리"(좋리 는 좋으리 의줄임)"는 "조뗘"와 같이 냄。

　(잡이)。 ㄹㅎ도, 먼저 잡이에 말한 ㄴㅎ과 같이, 그 ㅎ이 뚝뚝히 날
적과 뚝뚝하지 못할 적이 있나니: 이는 "읋고"와 "읋으니"를 견주
어 보면 알 것이니라。

둘재　덧거듭닿소리 (次成重子音)

34　덧거듭닿소리라 함은 두 홋닿소리가 섞기어 거듭하지 아니
하고, 덧하여 거듭하는 소리를 이름이니: 끝 먼저간 소리는 먼저나
고, 나종간 소리는 나종나므로, 그 먼저나종을 서로 바꾸면 왼통
소리가 다르어지나니라。

　(7) ㄹㄱ。 ㄹ ㄱ 의거듭。 모든 짓을 ㄹ 내듯키 하여서 ㄹ을 먼저내
고, 끝 닿아서 ㄱ 내는 짓으로 ㄱ을 내는 소리이니: 이는 끝 ㄹㄱ이
ㄹ ㄱ의 거듭소리인 까닭이오; 또 만약 그 자리를 바꾸어서 ㄱㄹ로
하면, 그 소리가 왼통 다르어지어서, ㄱ을 먼저내고, 끝 닿아서 ㄹ
을 내는 소리로 되나니: 이는 끝 ㄹㄱ이 덧거듭소리인 까닭이니라。
말에 보기를 들면:

　"밝아서"는 "밞아서"와 다름。

　(잡이)。 무릇 닿소리가 서로 맞나면, 반듯이 다 거듭하는 것이니:
두 홀소리 사이에 있는 닿소리는 다 거듭소리로 되나니라。 그러
므로 이 덧거듭닿소리의 셈은 아주 많지마는, 그 가운대에서도 가

장 흖이 쓰히는 것은 담과 같은 것들이니라。

(8) ㄻ ㄹㅁ의덧거듭,   ㄼ ㄹㅂ의덧거듭,

　　 ㄾ ㄹㄷ의덧거듭,   ㄵ ㄴㅈ의덧거듭,

　　 ㅄ ㅂㅅ의덧거듭,   ㄳ ㄱㅅ의덧거듭。

셋재 짝거듭닿소리 （并成重子音）

35 짝거듭닿소리라 함은 같은 소리끼리 거듭한 소리를 이름이니, 이에는 먼저와 나종을 가를 수가 없나니라。이제 다만 흖이 쓰히는 짝거듭소리의 보기만 들면, 담과 같으니라。

(9) ㄲ ㄸ ㅃ ㅆ ㅉ ㆅ

이 모든 닿소리의 내는법은 各各 그 홋닿소리보다 더많은 힘을 들여서 내는것이니: 저절로 소리내는 동안이 오래되며, 딸아 소리의 고임(蓄積)이 많으며, 소리의 바탕이 단단하니라。이제 그 낱낱의 짝소리를 들어 그 내는법을 말할 必要가 없지마는, 여기에 한두가지 注意하여야할 것이 있나니:

(ㄱ)。벌서 소리의 갈래에서 말한바와 같이, ㄱㄷㅂㅈ이 홋소리로서는 밝은소리인 것이 原則이오, 다만 變則으로 흐린소리로 쓰힐 따름이지마는; 그 짝소리 ㄲㄸㅃㅉ은 흐린소리인 것이 예사이다 (ㅅ과 ㅎ의 짝소리는 그 홋소리와 마찬가지로 밝은소리이다)。

(ㄴ)。ㆅ은 訓民正音에 洪(홍)字初聲과 같다 하였지마는; 이제 洪의 音은 다 "홍"으로 적고, 特히 "향"으로 적지 아니한다。그러나 ㆅ을 쓰는 말이, 흔하지는 아니하지마는, 아주 없는 것은 아니니라。이를터면:

"하얗다"와 "해얗다"(白)가 서로 다르게 쓰힘과 같으니라。

넷재조각　묵은소리와 새소리

(廢 晉 과 新 晉)

36 우에 말한 소리는 이제 우리말에 예사로 쓰히는 것들이어니와, 그 밖에도 (1)。옛적에 訓民正晉에는 있었으나, 이제는 쓰히지 아니하는 묵은소리와 (2)。옛적에는 없었으나, 요세와서 다른 나라말을 적는 대에 쓰히는 새소리가 있나니:알에 그 낱낱의 소리를 적어 그 내는법을 말하겠노라。

둘재목 訓 民 正 音

37 訓民正音은 世宗大王께서 우리 한글을 맨첨 내실 적에 지으신 것이니:곧 우리 한글의 홀소리(中聲即母晉)와 닿소리(初聲 又는 終聲이니 即 子晉이라)의 글씨를 보이고, 또 그 소리내는법과 그 홀소리와 닿소리를 서로 맞혀(綴하여)서 쓰는 법을 말한 글월이니라。이를 世宗二十五年癸亥에 지으시어, 二十八年丙寅(紀元 3779, 西紀 1446)에 나라안에 펴었나니라。그 御製에 갈아사되:

國之語晉이 異乎中國하야 與其文字로 不相流通할새 故료 愚民이有所欲言하야도 而終不得伸其情者ㅣ 多矣라 予ㅣ 爲此憫然하야 新製二十八字하노니 欲使人人易習하야 便於日用耳 니라

　　ㄱ 牙音。如君(군)字初發聲하니 幷書하면 如虯(뀰)字初發聲하니라。

ㅋ 牙音。如快(쾌)字初發聲하니라。

ㆁ 牙音。如業('업)字初發聲하니라。

ㄷ 舌音。如斗(듫)字初發聲하니 幷書하면 如覃(땀)字初發聲하니라。

ㅌ 舌音。如吞(튼)字初發聲하니라。

ㄴ 舌音。如那(낭)字初發聲하니라。

ㅂ 唇音。如彆(볋)字初發聲하니 並書하면 如步(뽕)字初發聲하니라。

ㅍ 唇音。如漂(푱)字初發聲하니라。

ㅁ 唇音。如彌(밍)字初發聲하니라。

ㅈ 齒音。如卽(즉)字初發聲하니 並書하면 如慈(쫑)字初發聲하니라。

ㅊ 齒音。如侵(침)字初發聲하니라。

ㅅ 齒音。如戌(숧)字初發聲하니 並書하면 如邪(썅)字初發聲하니라。

ㆆ 喉音。如挹(흡)字初發聲하니라。

ㅎ 喉音。如虛(헝)字初發聲하니 並書하면 如洪(뽕)字初發聲하니라。

ㅇ 喉音。如欲(욕)字初發聲하니라。

ㄹ 半舌音。如閭(령)字初發聲하니라。

ㅿ 半齒音。如穰(상)字初發聲하니라。

ㆍ 如吞(튼)字中聲하니라。

ㅡ 如卽(즉)字中聲하니라。

ㅣ　如侵（침）字中聲하니라。

ㅗ　如洪（萼）字中聲하니라。

ㅏ　如覃（땀）字中聲하니라。

ㅜ　如君（군）字中聲하니라。

ㅓ　如業（업）字中聲하니라。

ㅛ　如欲（욕）字中聲하니라。

ㅑ　如穰（양）字中聲하니라。

ㅠ　如戌（숧）字中聲하니라。

ㅕ　如彆（볋）字中聲하니라。

終聲엔 復用初聲하나니라。○를 連書脣音之下하면 則爲脣輕音하나니라。初聲을 合用홀지면 則並書하라。終聲도 同하니라。ㆍ ㅡㅗㅜㅛㅠ는 附書初聲之下하고 ㅣㅏㅓㅑㅕ는 附書於右하라。凡字ㅣ 必合而成音하나니 左加一点하면 則去聲이오 二則上聲이오 無則平聲이오 入聲은 加点이 同而促急하나라。

38 우에 적은 訓民正音의 初聲（첫소리）의 갈래를 셋재가름 셋재조각 닿소리의 갈래와 견주어 보건대: 첫재 다섯 가지로 가른 것이 같으며; 둘재는 그 날날의 가지가 서로 같으니: 곧 脣音은 두 입살소리, 舌音은 혀끝소리, 齒音은 입웅소리, 牙音은 목젖소리, 喉 音은 목청소리에 맞나니라.

또 그 各가지의 글씨꼴에 대개 共通한 것이 있나니: 牙音에는 ㄱ, 舌音에는 ㄴ, 脣音에는 ㅁ, 齒音에는 ㅅ 喉音에는 ○가 各各 共通이니라.

또 各가지의 가온대소리는 다 ㆆ소리가 共通이며, 喉音밖에 各
가지의 가온대소리는 첫재 소리에 ㆆ가 이 섞기어서 된 섞김거듭땋
소리임을 볼지니라. 그뿐아니라, 그 글씨꼴(字形)도 가온대것은
첫재것에 點(ㆍ) 혹은 畫(ㅡ)을 더하여 만들렸나니라.

소리의셈

39 訓民正音에 적힌 소리의 셈을 보건대, 땋소리(初聲又는終
聲)가 열일곱이오, 홀소리(中聲)가 열하나이니, 모다 수물여듦소리
(28字)이니라. 그러나 그 밖에도 ㄱㄷㅂㅈㅅㆆ 여섯 소리에는 무
비(各各) 짝소리 곧 並書하는 소리를 말하렸고, 또 ㅇ를 連書脣音
之下하면 則爲脣輕音이라 하렸으니, 수물여듦 소리밖에도 ㄲㄸㅃ
ㅆㅉㆅ ㅸㅹㅱㆄ의 열 땋소리가 있었음을 알 것이라. 그러나
이는다 먼저 말한 수물여듦 소리의 가지이라 할만하므로, 그 으뜸
되는 소리만 들어 수물여듦 소리라 합이니라.

40 또 첫소리(初聲, 子音)를 어울어쓸지면, 갑아써(並書)라 하
고서, ㄱㄷㅂㅈㅅㆆ는 무비(各各) 並書가 있음을 말하렸으며; 그 實
際의 記錄에는 ㅇㅇ(사람마다히ᅇ여····使人ㅅ人) ㄴㄴ(웃닛머리에다ᇈ닿나라
····上齒頭에接하나니라)에도 並書를 썼다. 그런데 近來에는 一
般으로 並書를 쓰지 아니하고, 이른바 된시옷이란 것만을 쓴다.

갑아써기(並書)

大體 이 된시옷이란 것이 무엇인가 함에는 여러 意見이 많지마
는, 여기에는 그것을 날날이 들어 말할 겨를이 없다. 홋지게 말하
건대, 오늘날 普通 된시옷으로 적는 것을 옛적에는 세가지로 갑아
적었나니: 곧

(1) 並書 곧 같은 소리를 나란이 쓴것:

　　　　　 끃(虯) 뽕(步) 쫑(慈)········漢字音。

　　말쏨(語)　히여(使)　마쯔비예(迎見)　기려ᄉᆞ아ᄉᆞᆸ울까(豈
待畫識)　치ᅙᅧ시니……우리말

(2)　오늘날 이른바 된시옷이란 것으로 씬것:
　　ᄯᄛᆞᆷ(而己)　썰리(速히)　ᄭᅬ리(尾)

(3)　된비읍이라 할만한 것으로 씬것:
　　ᄡᆞᆯ(米)　ᄢᅢ(時)　ᄣᅡᆨ(對)　ᄡᅳ(使用)　ᄠᅱ(跳)　ᄧ(鹹)

　　그러면 訓民正音에서 原則으로 같은 소리의 並書를 말하여 놓
고서 實際에 있어서는 並書밖에 된시옷과 된비읍도 많히 씼으니,
이 된시옷 된비읍은 대체 무엇인가? 이것은 다름이 아니라, 낱말
과 낱말사이에 있어서 두 낱말을 한덩이로 잇는 노릇을 하는 소
리를 그대로 적은 것인데, 그것의 자리를 두 낱말의 사이에 잡지
아니하고, 알의 말의 첫날내(音節)에다가 붙여 씼음에 지나지 아
니한 것이다. 끝 그 사이의 소리가 ㅅ일 적에는 된시옷으로 써
(書)고, ㅂ일 적에는 된비읍으로 씬 것이다。그러한즉 된시옷과 된
비읍은 쓸대없는 符號가 아니오, 實際로 나는 소리를 그대로 나타
낼 적에 씬 것이오, 그저 소리를 合用하랴 할 적——단단히 내랴고
할 적에는 並書를 쓴 것이다. 이와 같이 分明히 세 가지로 쓰던 것
을 언제부터 무슨 때문에 된시옷 하나로만 쓰게 되었는지는 얼른
말할 수 없지마는, 우리는 이에 對하여 贊成할 수 없다 하노라。
웨? 오늘의 된시옷으로 적는 소리는 혹 옛날의 形跡을 머무르어
서, 된비읍 된시옷 소리가 나는 일이 없지 아니하지마는, 大體로는
그것이 된비읍 된시옷 소리가 아니오, 그 된비읍 된시옷을 붙이힌
딿소리의 단단한 소리에 지나지 아니한것이니, 이는 ᄶᅡᆨ 訓民正音

의 이른바 첫소리를 合用함이다。그러한즉 우리는 오늘의 된시옷을 버리고, 갋아씨기（並書）를 復活시키고자 세우노라。오늘의 말에서도, ㅂ과 ㅅ이 그 알의 닿소리를 닮아서, 그 알의 소리로 나는 수가 있으니（밥그릇—박그릇, 삿갓—삭갓, 낮브—납브와같은것들）, 옛날의 된시옷 된비읍이 그 알의 닿소리의 짝소리（곧갋아씨기）로 統一될 것으로 봄이 發音學上으로도 맞당하다 하노라。이와 같이 갋아씨기로 統一함은 音理에만 맞을뿐아니라 우리한글의 主眼인 實用의 便益에도 맞나니라。

41　또 終聲엔 復用初聲하나니라 하였으니, 모든 初聲 끝 닿소리를 다같이 終聲 끝 받침으로 쓰라 함이다。그리하여 訓民正音 그것에서나 또 그 當時에 나온 책들에서는, 모든 닿소리를, 말을 딸아 아모 制限없이, 받침으로 쓰었었다。그러다가 中宗때 崔世珍의 訓蒙字會에 이르러서, 처음으로 우리 한글 27자（訓民正音에서 ㆆ字가없어짐）를, 그 쓰히는 자리를 딸아, 세 가지로 가르게 되었으니, 닭과같다。

初聲終聲에 通用하는 八字：

　　ㄱㄴㄷㄹㅁㅂㅅㅇ

初聲에만 獨用하는 八字：

　　ㅋㅌㅍㅈㅊ△ㅇㆆ

中聲에만 獨用하는 十一字：

　　ㅏㅑㅓㅕㅗㅛㅜㅠㅡㅣㆍ

이로부터 뒤사람은 다 이책의 법을 따르게 되어, ㄱㄴㄷㄹㅁㅂㅅㅇ만 받침으로 쓰고, ㅋㅌㅍㅈㅊ△ㅇㆆ는 받침으로 쓰지 아니하

게 되었다。그런중에도 요새에 와서는 ㄷ까지를 받침으로 쓰지
아니하게 되었다。

이와 같이 訓民正音의 글자 쓰는법이 訓蒙字會에 와서 많은 變
動이 생겼지마는, 조선말의 實際에는 아모 變動이 없이 모든 닿소
리가 여전히 받침으로 쓰히고 있다。그러한즉 우리는 이제(現在)
의 말을 표준을 삼고, 또 訓民正音의 옛법을 좇아서, 모든 닿소리
를 말에 쓰힌대로 받침으로 쓸 것이오, 決코 中間의 變動과 一時
의 그릇된 버릇을 꿈 직힐 必要가 조금도 없나니라。

四聲　42　또 訓民正音에서 漢字의 平上去入의 四聲을 倣하여 우리말
의 소리를 區別하였도다。本來漢字의 四聲은 音調(가락)의 區別
이니, 康熙字典의 說明에 依하건대: 平聲은 平道莫低昂하고, 上聲은
高呼猛烈强하고, 去聲은 分明哀遠道하고, 入聲은 短促急收藏이라
하야,字의 四角에 圈点으로써 이를 表하였나니; 끝 平聲은 ◻, 上
聲은 ◻, 去聲은 ◻, 入聲은 ◻로 하였나니라。그러한대 訓民正
音에서는 우리말의 平聲(맛낮은소리)는 無点, 上聲(처엄이낮고 내
중이높은소리)은 二点, 去聲(맛높은소리)入聲(빨리끝닫는소리)은
各各 一点으로 하였으매, 後世의 모든 책이 대개 이를 따르게 되었
다。訓蒙字會에는 漢字의 四聲을 풀이한 담에 "諺解亦同"이라 하
오되, 조선말의 四聲이 딴은(果然) 漢字의 그것과 서로 딱 같은
지, 이는 더 硏究해 볼만한 물음이지마는, 그것이 소리의 동안
(長短)을 들어낸 것임만은 틀림없는 것이다。옛책을 보건대:

(1) 하나라, 하면, ·마·릴나·라, ˙열(十), 와(及), ·이(가와같은토)
　　　(以上은一点친것이니 그소리가 약깐길다)

(2)　두(二), 말(語), 네(四), 업(無), 다(皆), 적은(少), 사롬
　　(人), 아옵고(知而), 섬(島) (以上은二点친것 그소리가더김)

들이 있는대, 대개 오늘날의 우리말소리의 동안과 서로 맞음을 보
아도 그 뜻을 알 것이니라。

43　訓民正音이, 비록 그 풀이(說明)는 적으나, 한글의 온갖 쓰
는법을 다 말하였으되, 다만 홀소리(中聲)의 거듭하는 법을 말하
지 아니하였나니라。 그러나 그때에 지으신 다른 글에는 ㅐㅔㅢㅟ
ㅘㅝ 따위의 거듭홀소리를 쓰었은즉, 이것이 決코 뒤사람이 지어
낸 것이 아니오, 그때에 함께내신 것임이 굵없은데, 다만 訓民正
音에 그를 풀어말하지 아니하였을 따름이니라。

44　그러한즉 訓民正音에 있었을뿐 아니라, 우리말을 적은 다른
글에 많이 쓰히었던 소리로, 오늘날 와서는 우리말에 쓰히지 아니
하게 된 것이 있나니: 곧 홀소리 ㆍ 와 닿소리 ㆆㅇㅿㅸ묭퐁들이다。

(잡이)。(1)。ㆍ는 아죽도 흖이 글에 쓰기는 하지마는, 이는 世
上사람들이 ㅏ로 잘못쓰는 것이오, 決코 우리말에 ㆍ소리가 남아
있는 것은 아니다。

(2)。ㆆ는 아죽도 쓰지마는, 이는 다만 소리없는 표로 쓸따름이
니라。

(3)。ㅇ받침소리에 흖이 ㅇ을 아죽 쓰지마는, 그 소리는 ㆁ으로
내나니, 이는 ㆁ을 잘못 ㅇ로 씀인 줄을 알지니라。오늘와서는 ㅇ
와 ㆁ을 字形上으로 區別하지 않고, 그저 첫소리로서는 ㅇ로 보고,
받침소리로서는 ㆁ으로 보나니라。곧 ㆁ은 받침소리로만 쓰고,
ㅇ음 첫소리로만 쓰지마는, 실상인즉 ㅇ는 그 소리는 없고, 다만 첫

소리의 없는 표만 될따름이니라。

둘 재 목　없어진소리

(第 二 項　廢止된音)

45　앞에 목에서、△○ㅸㅁㅎ 들이 이미 없어진 소리임을 말하였다。 이제 그러면 그 없어진 소리란 것은 그 본바탕이 어떠한 것이던가? 그것을 생각해 보고자 한다。

46　、。는 누리사람(世人)이 여태까지 "알에ㅏ"로 하여 오았더니, 우리 한힌샘(周時經)스승님께서 비로소 、가 ㅣㅡ의 거듭소리임을 밝히어 내시었나니; 이에 스승님의 하신 그 證明을 말하건대, 다음과 같은 여섯 가지가 있다。

(1)。 한글은 소리글이니, 한가지 소리를 두가지의 글써로 나라낼 럭(必要)이 없을 것은 환한 일이라。 이미 ㅏ가 있으니, 어찌 또 그 소리를 、로 나라내었으리오, 반듯이 、는 ㅏ가 아니오, 다른 무슨 소리일지니라。

(2)。 ㅏ에 ㅣ를 먼저 거듭하여, ㅑ로 만들었고;그와 같이, ㅓㅗㅜ에 ㅣ를 먼저 거듭하여, ㅕㅛㅠ로 만들었으니;ㅡ에도 ㅣ를 먼저 거듭하여서 만든 소리가 무엇이 있을 것이라。

(3)。 그러한데 萬若 세로(縱)된 ㅣ와 가로(橫)된 ㅡ를 거듭하여서 딴 글써를 만들고자 할진대, 다른 글써와 서로 같지 아니하고 또 세로도 아니오 가로도 아닌 글써를 만들어야할치니: 、가 꼭 그리된 글써가 반듯하니라。

(4)。 、는 正音에 呑字中聲과 같은 소리이라 하였는대, 다른 책

에도 呑字의 소리를 "튼"으로 단 것이 있음은 말할 것도 없거니와, 또 "튼"으로 단 책도 적지 아니하다 하며, 또 支那사람에게 呑, 思(ㅅ)의 소리를 물으면 역시 "튼" "스"로 내나니: 이것이 ㆍ가 ㅡ에 가까운 소리임을 말함이니라.

(5)。 옛글에 적힌 "흙ㆍ여듦ㆍ기듬ㆍ반듯이……"를, 이제 우리가 날로 하는 말로는, "흙ㆍ여듧ㆍ기름ㆍ반듯이……"라 하나니: 이는 끈 ㆍ가 ㅡ에 가까운 소리인 것을 말함이니라.

(6)。 ㆍ의 소리가 든 漢字, 이를러면 師ㅅ 思ㅅ 子ㅈ 兒ㅇ 使ㅅ 들의 音을 日本말에서 "師シ 思シ 子シ 兒ジ 使シ" 끈 イ列音으로 부르되; ㅏ의 소리가 든 漢字, 이를러면 "加가 多다 河하 紗사……"의 音은 "加カ 多タ 河カ 紗サ" 끈 ア列音으로 내나니: 이를 볼지라도 ㆍ가 ㅣㅡ의 거듭인고로 日本사람이 漢字의 音을 우리에게 또는 支那사람에게 배흘 적에 아모조록 本音에 가깝게 내노라고 ㆍ를 ㅣ로 범이 반듯함을 알지니라.【朝鮮에서도 子(ㅈ)를 "지"로 소리내는 수가 있나니: 獅子를 "사지", 孫子를 "손쥬", 혹은 "손지", "茄子 를"가지"라 하는 따위】

이 周스숭님의 證明을 말매암아, ㆍ가 ㅣㅡ의 거듭인 것을 알지라。 그런대 ㆍ는 ㅣㅡ의 거듭이니, ㅣ는 딴소리 껌목(資格)이 되고, ㅏ만 홀소리의 껌목으로 거듭하는 故로, ㆍ를 길게 내면 ㅡ만 길어질 따름이니라.

그렇지마는 이에 對하여, 우리는 한 의심을 일이키지 아니하지 못할 것이 있나니, 그는 끈:

(1)。 ㆍ가 본대 ㅣㅡ의 거듭소리라 할진대, 어찌하여서 이를

ㅏ로 소리내게 되었을가 ?

(2)。、를 ㅏ로 소리낼뿐 아니라 ㅓ로 소리내는 일이 적지 아
니하니 : 이룰러면 "ᄒ야"를 "허야"라 하며, "하ᄂᆞᆯ"을 "하널"이라
하며, "여ᄃᆞᆲ"을 "여덟" 또는 "여덜"이라 하는 따위이다。이는 또한
무슨 까닭인가 ?

(3)。ᄋᆞ 또、를 ㅗ로 내는 일이 있나니 : 폿(小豆) 풀(腕) 몰(馬)
ᄆᆞ리(蠅)의 "、"를 서울에서는 뚝뚝히 ㅏ로 내지마는, 全羅南道,
慶尙南道地方에서는 폿, 폴, 몰, 포리로 내는 따위이다。이는 또한
무슨 까닭인가 ? 이에 對하여 어떤 사람은 "、"의 본소리는 ㅓ에
가까운 소리라 하며, 어떤이는 ㅏㅗ에 가까운 소리라 하지마는, 우
리는 그것을 믿을 수 없도다。

(4)。ᄋᆞ 또、를 ㅜ로도 내나니 : "하ᄂᆞᆯ"을 "하눌", "며ᄂᆞ리"를 "며
누리"라 하는 따위이다。이는 무슨 까닭일가 ?

이러한즉、는 그 꼴은 하나이면서 그 소리는 참 ㅏㅓㅗㅜㅡㅣ
의 여섯 가지 홑소리로 다 나나니 : 이는 果然 무슨 까닭일가 ? 이
것을 어떻게 說明할 것인가 ? 앞에 든 한힌샘스승님의 主張(세움)
으로써는 두루 거침없는 說明을 할 수 없는 것이다。이에 關하여 崔
南善님은、를 原始母音이라 하여 ㅏㅓㅗㅜㅡㅣ가 다 이、에서
分化된 것이라 한다고 한다。이는 一種 說明의 形式이 안된 것은
아니다。그러나 그것이 果然 옳은 說明이 될는지, 그는 別問題이
다。나는 이에 對하여 얼른 贊成할 수가 없다。웨그러냐하면, 어느
나라든지 한낱의 原始音에서 모든 소리가 갈히어 나왔다는 말은
듣지 못하였으며, 또 설령 原始音이란 것이 있다 할지라도, 그것은

말이 생겨나기 전의 일일 것이오, 이미 여러 가지 소리로써 말이란 것이 생긴 다암에는, 原始音이 그대로 敢히 말속에 남아있을 리가 萬無한 것이다。 그러한즉 그러기보다 차라리 ㆍ를 모든 홀소리의 사이소리(中間母音)라 하는 것이 훨신 더便利한 더찌많은 說明이 될 것이라고 생각한다。

ㆍ에 對하여 또 한가지의 생각이 있으니, 그것은 濟州島사람의 主張이다。 그를 따르면, 다른 各處에서는 다 ㆍ의 獨特한 소리를 잊어 버렸지마는, 濟州島사람은 그것을 能히 分揀하여 소리내나니: 끌 ㆍ는 ㅏ도 아니오, ㅡ도 아니오, ㅓㅗㅜㅣ도 아니오, ㅡㅗ의 사이소리라 한다。 濟州島에서 ㆍ에 獨特한 發音이 있는 것은 事實이다。 그러나 그것이 果然 그 原音을 保存함인지 確言하기 어려우며, 設令 그렇다 할지라도 그것이 다른 여러 가지로 소리나는 理由를 說明할 수 없는 것은 한힌샘스승님의 說과 마찬가지이며, 또 한힌샘스승님의 證明을 反駁할 道理가 없을 것이다。

우에 든 세 가지 생각가운대, 첫재 한힌샘스승님의 것은 퍽 理論的이나 그러한 ㆍ가 어찌하여서 ㅏㅓㅗ로도 나게 되었는가의 까닭을 풀이할 수가 없으며; 둘재 崔南善님의 생각은 그 ㅏㅓㅗㅜㅡㅣ로 두루나는 것은 쉽게 풀이되었으나, 그 생각의 根據가 單純한 假想的임에 지나지 아니하며; 셋재 濟州島사람의 생각은 事實的 根據는 確實하나, 그것으로 全般을 解明할 수가 없으며, 또 ㅏㅣ로 두루나는 까닭을 대지 못하는 것은 첫재의 것과 비슷한 缺點을 가졌다 할 것이로다。

그러하면 "ㆍ"는 그만 우리글에서의 한 풀수없는 수수꺽기(謎)

로 있을 것인가? 아니다。나는 우의 세 가지 생각가온대 우리 한 흰샘스숭님의 생각이 가장 참됨을 얻었다 하노니; 그는 다만 그것이 여러 가지의 理論을 가초았을뿐 아니라, 요사이 어떤 친구의 實査에 依하면, 全羅道地方(咸悅等地)에서 ㆍ를 ㅣㅡ의 거듭소리로 내는 것은 確實한 事實("하되" "ㅎ야"(ㅎ여야。 히야)와 같은 것들에서)이라 하니, 이만하면 한흰샘스숭님의 생각이 더욱 事實的證明을 얻게 된 것이니, 그것이 終極의 풀이가 된 것으로 보지 아니할 수가 없도다。그러고 ㅣㅡ의 거듭소리인ㆍㆍ가 ㅏㅓㅗㅜ로 나는 것은 그만 순전한 버릇으로 보면 그만일 것이다。(더 根本的으로 생각할것같으면, 무론 어떠한 소리든지 무슨 버릇을 일음에는 그소리스스로에 그리 될 기울성(傾向性)이 있었을 것은 넉넉이 想像할 수가 있는 일이라 할 수 있겠지마는)。

△　47　△ㅇ은 ㅅ의 흐린소리이니; 잉글리쉬의 Z 파 같은 소리이니라。이에 △이 ㅅ의 흐린소리인 것을 말하자면, 담과 같음。

(1)。訓民正音에 △은 穰字中聲과 같다 하였는대, 崔世珍의 四聲通解에 穰, 攘, 讓, 𩑔의 音(漢音)을 상으로 달고, 訓蒙字會에도 攘, 穰, 讓, 𩑔의 音(邦音)을 상으로 달았으니, 이는 穰의 我漢音을 다 상으로 단 것이오; 洪啓禧의 三韻聲彙에는 漢音은 양 또는 상으로 달고, 我音은 양으로 달았으며, 正祖朝의 奎章全韻에는 漢音은 상, 我音은 양으로 달았으니, △파 ㅇ이 서로 가까운 소리임을 알 것이니라。

(2)。日本에서 漢字의 音을 다는 것은 아모조록 本音에 가깝도록 하였는대, 洋養의 音은 다 "ャゥ"로 달고, 穰, 攘, 壤의 音은 다

"ジャウ"로 달았으니: 이는 곧 △소리가 ㅅ의 흐린소리임을 보이는 것이니라。

(3)。洪武韻三十一字母之圖에는 日의 音을 "싈"로 달았는데, 오늘날 支那사람의 日字소리를 "씰"(Zil)에 가깝게 내나니: 이는 곧 △이 ㅅ의 흐린소리에 가까움 것을 보임이니라。

(4)。訓蒙字會에 "秋ㄱ을추, 昏어스름혼, 莌새삼도, 讒비우슬긔, 村ᄆ을촌"으로 적었는대, 이제에 우리가 날로 쓰는 말의 소리를 보건대, 秋는 가을 혹은 가슬, 昏은 어스름, 莌는 새삼, 讒는 비우슬, 村은 마을, 혹은 마슬이라 하나니: 이는 △이 ㅅ에 가까우면서 또 ㅇ에 가까와서 살아지기 쉬운 것을 보임이니라。

(5)。△을 訓民正音에 半齒音이라 하고, ㅅ을 齒音이라 하였으니, 이는 △이 ㅅ에 가까움을 말함이오; 朴性源의 正音通釋에는 △을 半喉音이라 하였으니, 이는 곧 △이 목에서 울음(Voice) 있는소리 곧 흐린소리임을 보임이다。그러므로 △이 ㅅ의 흐린소리 곧 잉글리쉬의 Z 과 같을 것이 뜩뜩하니라。

48 ㅇ。는 訓民正音에 欲字初聲과 같다 하였나니, 곧 소리가 없는 것이다。世宗大王께서 지으신 月印千江曲에 ㅇ를 받침소리(終聲)로 쓴 것이 많이 있으나, 이는 다만 漢字의 音을 初中終三聲을 다 갖후게하기 때문에 쓴 것이오, 따로 소리가 있으므로 그리한 것은 아니다。이를터면, 之의 音을 징, 第의 音을 똉, 界의 音을 갱, 家의 音을 강로 단 것과 같은 따위이니라。

49 ㆆ。는 訓民正音에 挹字初聲과 같다 하였다。喉音이니 ㅎ에 가까운듯함은 넉넉이 생각할 수 있지마는, 그 소리의 본바탕을 아

족은 똑똑이 알지 몰하겠도다。龍飛御天歌에 ㆆ를 홀로 받침소리로 쓴 것이 없고, 대개는 다 ㄹ과 함께 받침으로 쓰었나니: 이를터면, "가ᇙ길이업더시니"(第十九章) "오ᄉᆞᇙ제"(第十八章) "이기ᄉᆞᇙ"(第六十六章) "자ᄉᆞᇙ제"(第六十七章) "ᄒᆞᄉᆞᇙ제"(第一百一十五章) 들의 따위이오; 月印千江曲에도 또한 ㄹ과 함께 받침소리로 쓴 것이 있다(一ᄋᆞᇙ)。오늘날 말에서 볼것 같으면, 이런 境遇에 ㆆ는 아모 쓸대가 없는 것이다。그뿐 아니라 ㆆ는 元來 우리말을 적는 대에 그리 쓸대가 없었던 모양이기에 訓蒙字會에 이르어서는 ㆆ를 아주 쓰지 아니하였더라。

ᄫᄬᅗᄝ

50 ᄫ, ᄬ, ᅗ, ᄝ。이것들은 訓民正音에 쓰힌 것은 아니라。다만 ○는 唇音(곧 ㅂㅍㅁ)의 알에 달아 씨면 唇輕音이 된다 하였을 따름이로되, 龍飛御天歌같은 그때에 지은 글에 이러한 글씨를 많이 쓰었더라。이를터면, 非字의 音을 ᄫᅵ, 奉字의 音을 ᄬᅩᇰ, 微字의 音을 ᄝᅵ로 적음과 같으니라。그런대 이것들은 漢字의 音을 적는 대에 그때에는 必要하였는지 모르겠으나, 이제 와서는 하나 쓸대가 없으며; 또 龍飛御天歌에는 ᄫ을 우리말에 많이 쓰었지마는 (보기: 智勇을 니기:아ᅀᆞᄫᆞ…熱知智勇), 오늘날에는 우리말을 적는 대에도 아모 쓸대가 없다 하노라。

셋재목 새 소 리(新音)

새소리

51 새소리란 것은 새로 쓰게 된 소리를 이름이니: 이는 다른 나라말이 우리말에 들어와 쓰히게 된 때문에, 不得已 그에 當한 글씨를 만든 것이니라。

ㄹㄹ

52 ㄹㄹ。 訓民正音에 並書하라는 글씨는 ㄱㄷㅂㅈㅅㆆ 여섯뿐이오, ㄹ은 並書하라는 말이 없으니, ㄹㄹ은 確實히 새글씨이라 하리로다。 그러나 예전부터 적어 오는 글에나 또는 하여 오는 말에는 ㄹㄹ의 소리가 없지 아니하니: 이를터면 "몰랐다" "불러온다" "갈라 먹고"의 ㄹ은 다 짝소리(끋並書)인것이 환하니라。 그러나 ㄹㄹ을 우리말의 첫소리로는 쓰지 아니하니: ㄹㄹ을 첫소리로 쓰기는 西洋의 말이 들어온 뒤에 일어니, ㄹㄹ은 곧 l 의 소리이니라。

풍

53 풍。 는 f 의 소리이니: 우리말에는 元來 없는 소리인 고로, 할수없이 풍로써 나타낸 것이니라。 이 풍의 끋이 訓民正音에서 이른바 脣輕音(끋풍)과 서로 같으되, 그 솝(끋소리)은 서로 다르나니: 곧 訓民正音의 脣輕音은 두 입술을 가볍게 서로 닿이어 내는 소리를 이름이어니와, 여기의 풍는 아래입술과 우앉니의 사이를 숨으로써 갈아내는 소리이니라。

ㅸ

54 ㅸ。 는 잉글리쉬의 v 의 소리이니: 이 ㅸ도 그 끋은 訓民正音의 이른바 脣輕音과 서로 같으되, 그 소리는 서로 다르나니: 곧 여기 말하는 ㅸ는 f 의 흐린소리이니라。

(잡이)。 우에 적은 세 가지 가온대에서 더구나 풍ㅸ는 아주 우리말에는 없는 소리인즉, 이를 우리말법에서 푸는 것은 주제넘은 짓이라 할는지도 모르되, 이는 決코 그렇지 아니하니라。 온누리(全世界)가 한집같이 서로 오고가는 이때에는 다른나라의 말이 제나라말가온대에 들어와서 함께 쓰히는 것은 어찌할 수 없는 일이라。 이를 것넘어씀(過速히濫用함)도 옳지 못하거니와, 이를 억지로 짬없이 말리는 것도 어떤 境遇에는 옳지 못한 적이 있으므로,

이에 그소리의 내는법을 붙이어 말하겠노라。

셋재가름　이은소리
(第三章 連　音)

55　우에 여래까지 풀어나온 소리는 다 낱낱의 소리이니; 우리는 그 낱낱의 소리가 소리틀에서 나는 법을 갈아(硏究하야) 왔나니라。그러나 이 낱낱의 소리는 다만 소리일 따름이오, 그것이 모히기만 하면 말이 되는 것이 아니라, 그 서로 이은 소리가 말이 됨에는 또한 特別한 노릇(作用)이 있나니, 그 特別한 노릇이란 곧 소리의 "동안", "힘", "가락", "바꿈"들이니라。이로부터 우리는 말에 쓰힌 서로 얽힌 소리 곧 이은소리(連音)의 노릇을 풀겠노라。

　(붙이)。우에 풀이한 거듭소리는 그 보는자리(見地)를 딸아서는 이은소리에 넣어서 풀 것이지마는, 우리는 우리글씨의 特別한 關係로 因하야, 우에 낱소리에 넣어서 풀었노라。그러므로 우리는 여기서도 必要를 딸아서 거듭소리를 말하겠으나, 먼저 낱소리에서 말한 바는 다만 소리로 보았을 따름이지마는, 여기서는 말에 쓰힌 이은소리로 보고 말하는 것이기 때문에, 저절로 그 보는법이 서로 다름이 있나니라。

첫재조각　소리의동안
(또는 길이 "長短")

56　소리의 동안은 소리의 나는 동안의 길고 짜름을 이름이니: 이들 짜른소리(短音), 예사소리(常音, 中音), 긴소리(長音)의 세

가지로 난후나니라。소리의 동안은 끝 때로써 재는 것인 고로 소리의 힘(또는 세기 또는 크기)과는 딴판으로 다르나니라。勿論 소리의 동안과 힘이 서로 一致하는 적이 없지 아니하지마는 또 서로 一致하지 아니할 적도 많으니라。

57 이에 낱낱의 홀소리의 길이를 낱낱이 말할 겨를이 없으니까, 그것은 그만두고, 대강 소리의 동안의 모양을 보건대:

(1)。ㅅㅈㄷㄱㅋㅌㅍ 들의 받침소리가 있는 말의 소리는 대개 짜름。보기를 들면:

갓(笠) 젖(乳) 끝(處) 복(福) 부엌(竈) 값(價) 닢(葉)

과 같음。그러나 벗어남이 없지 아니하나니, 끝:

갓(邊) 깍깍(鴨鳴聲) 없(無)과 같음。

(2)。ㄹㄴㅁㆁ의 받침소리가 있는 말의 소리는 대개 길고 짜름이 서로 같은듯하나니, 보기를 들면:

불(濱) 발(簾) 말(言) 눈(雪) 감(柿) 강(江)

의 홀소리는 길고,

불(火) 발(足) 말(斗) 눈(眼) 잠(眠) 뽕(桑)

의 홀소리는 짜름。

(3)。홋낱내의 말(單音節語)의 홀소리는 여러낱내의 말의 그것보다 동안이 긴 것이 예사이니, 말에 보기를 들면:

"빌"(乞)이 "빌엉뱅이"(乞人)보다,

"갈"(耕)이 "갈애"(鍤)보다,

"걸"(肥)이 "걸음"(肥料)보다 그 홀소리가 김。

(4)。받침없는 홀소리는 받침있는 것보다 진것이 예사이니, 말에

보기를 들면:

　사람(人)　나락(稻)　콩새(鴒)　서울(京城)　 피양(平壤)들에서 와 같음。

　58 이제 우리말 가온대에서, 그 마침(Spell, 綴音)은 서로 같으나,그 홀소리의 길고 짜름을 딸아서,그 뜻이 왼통 다른. 보기를 들면, 답과 같으니라。

(긴소리)	(예사소리)	(짜른소리)
말을 잘 한다。	쌀 한 말에 얼마요?	말을 먹이는 사람
놀지 말고 일하세。		조히를 말아라。
쇠가 달도록 불이붙소	돛을 달고 떠난다。	달기가 꿀같소。
크기가 몇배나 되오。	배가 두척이 됐다。	배를 따먹자。
내가 그 값을 물게 되었소。	물이나 마시오。	꽉 물고 아니 놓소。
힌 눈이 많이 오오。		눈이 부시오。
발을 드리우고	길이가 한 발이오。	손과 발。

　59 우에 말한 길이는 모다 이것과 저것을 서로 견주어 본 길이이니: 이를 마조길이(相對的長)라 하나니라。이 마조길이밖에도 따로길이(絕對的長)라 하는 것이 있나니: 이는 다 같은 길이의 말이 말하는 사람과 때를 딸아서 길고 짜름을 이름이니라。말하는이의 온얼의가짐(全精神的態度)을 딸아 말의 빠름(速度)이 다르며,그이의 一時的 긔운을 딸아서 말의 나아가는 빠름(速度)이 다르나니: 생기있는이와 熱心있는이는 생기없은이와 게으른이

보다 말을 빠르게 하나니라。말할 속살（內容）이나 걸꼴（外形）을 곰곰이 생각하는 이는 천천히 말하며；남의 말속을 알랴고 하여 그 속을 파랴고 하지 아니하는 이는 얼른 짤막하게 대답하나니라。또 남이 알아듣기 쉽게하노라고 일부러 말의 소리를 길게 끄으는 수 도 있으며；장차 진소리줄（長音系）을 내기 爲하여 일부러 말을 빨리하는 수도 있나니라。

60 우에 말한 소리의 동안은 예사로 홀소리를 두고 하는 말이 지마는，가늘게 살피어 보면，닿소리에도 동안이 없지 아니하니라。 얼른 말하자면 짝거듭닿소리는 홋닿소리보다 그 동안이 길며，또 갈이소리는 다른갈래의 닿소리리보다 동안이 길다 할만하니라。

61 （잡이）。（1）. 訓民正音에는 말의 소리를 네 가지에 가르어 서（平上去入），그 가지마다 어떠한 표（標）로써 그 다름을 나타내 었음은 이미 말한 바이어니와；오늘날 우리가 날로 쓰는 말의 소리 의 다름을 나타냄에는，다만 예사소리보다 진소리와 짜른소리 두 가지만 표하면，넉넉하리라。

（2）. 그러나 이제와 같이 글을 세로써（縱書하）는 우리글에 이 표를 하자면，부득이 옛적과 같이 이 글자의 왼쪽에 점을 쳐서 하 되，진소리는 두점，짜른소리는 한점으로 표하고，예사소리는，아모 표를 아니함이 좋으니라。보기를 들면：

　발발발　이이이　물물물
　簾丈足　르르르　償水嚙　과 같으니라。
　　　　 云到무

（3）. 제발 이뒤에 우리글을 가로써（橫書하）게 된 때에는，이 길 이표（長短標）를 고치어서，진소리에는 “—”，짜른소리에는 “◡”을

그 소리의 우에 그음이 좋으리라 하노라。보기를 들전대:

　ㅁㅜㄹ. ㅁㅜ ㄹ. ㅁ누르 파 같음。

　(4). 그런대, 이 소리의 길이표를 어떤 때에 쓸가？ 끈 예사 쓰는 글에 꼭꼭 다 쓸가？ 그렇지 않고 말광(辭典)에만 쓸가？ 하는 물음이 생겨나겠다。나는 생각건대, 우리말에는 긴소리와 짜른소리가 적고 예사소리가 많으니, 그 길이표를 날로 쓰는 글에 꼭꼭 쓰어도 그리 번거룹지 아니할듯하지마는, 예사글에는 이 표가 없을지라도 그 말의 아래우 뜻을 보아서 너너이 그 뜻을 알아 보겠으므로, 예사 글에는 쓰지 아니하고, 다만 말광(辭典)에만 쓰는 것이 便利하리라 하노라。

둘재조각　소리의힘 또는세기 또는크기
(音의 力, 強弱, 大小)

　62　소리의 힘 혹은 세기라 함은 우리가 그 소리를 낼 적에 들이는 날숨의 힘(呼氣壓力)을 이름이니라。이룰 物理學的으로 말하자면, 목청의 떪을 말미암아서 된 소리결(音波)의 떨폭(振幅)의 크고적음을 이름이니: 그 떨폭이 크면 소리힘이 크고, 그 떨폭이 적으면 소리힘이 적으니라。예사로 을림(Accent 악센드)이라 함은 이 소리힘을 이름이니, 特히 담 조각에서 말할 가락을림(Musical accent 樂調악센드)과 가로(區別하)기 爲하여, 이룰 힘을림(Stress accent 壓力악센드)라 하나니라。

　소리의 힘은 예사로 센힘(強力), 가온대힘(中力、여틴힘(弱力)의 세 가지로 난후며; 또 볼자리(見地)를 달리하여서, 말함이 나아

감을 딸아서 힘이 더해감과 덜해감을 보아, 1. 평평하게 가는것 (═══), 2. 더해 가는것(＜), 3. 줄어 가는것(＞)의 세 가지 로 난후나니라。

63 한 날내(音節 Syllable)에도 오르막올림이나 내리막올림이 있음과 같이, 날말(씨, 單語, Word)에도 一定한 올림이 있으며, 월 (文, Sentence)에도 또 一定한 올림이 있어서, 날말이 월의 감(成 分)이 되면, 그 월의 올림을 딸아서 그 날말의 본대 가진 올림이 바꾸히는 수가 있나니라。첫재것을 날내올림(Syllabic accent), 둘 재것을 씨올림(Word accent), 셋재것을 월올림(Sentence accent)이 라 하나니라。

64 예스벨센(Jespersen)님는 올림(Accent)의 成立의 要素를 세 가지로 난후어, 1. 버릇(Tradition 傳習), 2. 心理的事情, 3. 物 理生理學的 事情으로 하였다。

(1)。사람의 말은 본대는 아모 一定한 올림이 없었지마는, 버릇 이 오래됨을 딸아서, 一定한 올림이 생기나니라。그러므로 이 버 릇이 다른 나라는 서로 그 올림의 자리잡음(配置)이 같지 아니하 니라。이를터면: 듀돈(Teuton)民族의 말(英獨語)은 뜻있는 대에 올 림이 있어, 끝에 갈수록 내리막이 되지마는; 라틴(Latin)民族의 말 (佛語)은 끝의 날내에 있는 것이 많아서, 오르막이 많음과 같으 니라。

우리 조선말은 西洋말보다는 올림이 그리 嚴格하지 아니한 것도 또한 이 버릇의 關係이라 할수 있으며; 慶尙南道 全羅南道 等地의 올림 더구나 월올림은 월의 첫머리에 있으되, 忠淸 京畿 等地의 말은 올림이 오히려 월의 끝쪽에 있으며; 또 앞에 끈의 말에는 올림 이 많아서 말에 오르막 내리막이 많지마는, 뒤에 땅의 말에는 올림이 그리 많지 아니한 것도 또한 이 버릇의 所致이니라.

(2)。心理的事情이라 함은 뜻이 重要한 낱내나 써나 월을 힘들여 내는 것을 이름이니라.

(3)。物理生理學的事情이라 함은 우리가 말을 할 적에 그 말에 一種의 Rhythm(律動, 굽이침)을 더하기 爲하야 굽이굽이 올림을 붙이는 것을 이름이니라.

이 成立의 要素를 딸아서, 예스벨센님은 올림을 버릇올림(Tra-ditioneller Druck), 값올림(Wert Druck), 굽이올림(Rhythmisher Druck)의 이름을 붙이더라.

셋재조각　소리의가락
(혹은 높이, 音調)

소리의가락

65　소리의 가락은 소리의 높이를 이름이다. 이는 목청의 떠는 셈(振動數)을 딸아 되는 것이니, 그 떠는 셈이 많으면 가락이 높고, 그 떠는 셈이 적으면 가락이 낮으니라. 그러므로 소리의 힘이 소리결의 떨폭을 딸아서 되는 것하고는 다르나니라.

소리의 가락에는 1. 높낮이가 없이 평평하게 가는것(──), 2. 높아가는것(／), 3. 낮아가는것(＼), 4. 처음에 낮다가 나종에 높아가는것(⌣), 5. 처음에 높다가 나종에 낮아가는것 (⌢)의 다름이 있나니라. 또 높은소리는 그 낱내(音節 Syllable)를 「⌐안에 넣어서 표하고, 낮은소리는 그 낱내를 ∟ 」안에 넣어서 표하나니라。

66　소리의 가락이 말을 바로 알아듣는 대에 아조 重要한 뜻을 가지는 것은 우리들이 날마다 겪어 아는 바이니라。이를터면, 가락의 어떠함을 딸아서, 辱說이 情談이 되고, 꾸지람이 달램이 되며, 이름이 물음이 되며, 祝言이 嘲弄이 되는 따위이니라。이 가락에 對한 짐작（理解）은 우리들이 아조 直接으로 가지고 있는 것 같아서, 그것을 말처럼 따로 배호지 아니하여도 能히 깨치나니라。어린아이가 사람의 말을 알아듣기 前에 먼저 그 아버지의 말슴이 꾸지람하시는지 또는 사랑하시는지를 알아채나니라。또 다른 나라사람이 제가 일즉 한번도 들은 일이 없는 말의 大意를 짐작할뿐만 아니라, 즘숭조차가 사람의 말의 가락을 짐작하는 수가 있나니라。

67　가락의 높낮이에 큰 影響（얼）을 미치는 要素가 여러 가지가 있나니：

（1）。그 첫재는 소리내는 사람이니라。元來 가락은 목청의 떠는 셈이기 때문에, 그 떠는 셈은 그 소리청의 서로 다름을 딸아서 절로 닮아질 것은 定한 일이라。그러므로 소리의 높낮이가 그 소리를 내는 사람을 딸아서 서로 다르며, 또 계집과 하이의 소리가 가락이 높으며, 산애와 어른의 소리가 가락이 낮음은 누구든지 다 아는 바이니라。

（2）。둘재는 소리의 힘이다。우리가 소리를 세게 낼 적에는 또 높이 내는 傾向（기울어짐）이 있어; 가락과 힘이 서로 맞을（一致할） 적이 많으니라。그러나 힘과 가락은 본대 서로 다른 것이기

때문에 언제든지 서로 맞아 가는 것은 아니니라。우리가 풍악에서
낮은 가락을 세(크)게 내며, 높은 가락을 여리(적)게 낼 수 있는
것과 같이, 말에서도 센 날내를 낮은 가락으로 내며, 여린 날내를
높은 가락으로 낼 수가 있나니라。

(3)。소리의 가락은, 또 말하는이의 맘새(心狀)의 생생함의 程
度를 딸아, 다름이 생기나니라。빠른 힘줄늘림(筋肉運動)을 일이
키는 맘새(心狀)는 또한 생생한 목청늘림(聲帶運動)을 일이키나
니; 그로 말미암아, 소리자리(音階)가 높아지고, 가락의 오르막
내리막이 急하며 사이가 길어지나니라。그러므로 얼(精神)이 생
생함과 시언함과 질거움이 뚝뚝이 말에 들어나니라。精神病者
가 그 症狀을 딸아서 그 말함의 가락이 一定한 特異性을 가지
는 것은 醫師의 짐작하는 바이어니와, 성한 사람의 말소리가락도
그 한때의 맘새(心狀)를 딸아 닳아지나니; 우리의 말이 딱막힐
적, 주저, 미결, 催促의 경우에는 높아지고; 決斷 決定의 경우에는
낮아지며; 시김(命令)과 말림(禁止)도 대개 決定과 같이 낮은 가
락을 쓰나니라。

이 맘새가 實로 저 가락의 나라를 딸아 다름에 對하야 妙한 열
쇠를 주나니; 들스럽(野)은 나라의 말은 열힌(文)나라의 말보다
가락이 거칠며 크며 곱게 統一되지 못하였나니라。떠이취말이 푸
랑쓰말보다 가락이 거친 것이 이 때문이며; 또 우리 나라안에서도
西北地方의 말이 畿湖말보다 거친 것도 이 때문이니라

(4)。또 마침 법(Abschlussgestz)이라는 것이 있으니; 끝 말이 다끝
나거나 말을 마칠라고 할적에 가락을 낮히며, 이와 反對로 안끝날

적에는 가락을 높이는 것을 이름이니라。이를러면; 우리가 "하나,
둘"이라고 말할 적에, "하나"는 높이고 "둘"은 낮게 말할것같으면,
이 말은 다 끝난지라, 남이 이에 對하여, 다른 말이 이으리라고, 더
기다리지 아니하나니: 이러한 말은, 우리가 앞으로 감(前進)과 같
은 것들에 拍子(Takt)를 주기 爲하야, 쓰나니라。이와 닮아서, 만
약 "하나, 둘" 을 불을적에, "둘"에도 높은 가락을 줄것같으면, 그
말은 더 이어갈 것이 되는고로, 남은 이에 對하여, 한 "셋"이 있기
를 기다리나니: 이러한 말은 우리가 떠나감(出發)의 표로 쓰는 것
인대, 이럴 적의 "둘"은 "떠날 차림을 차려라, 끝 떠날 때가 되어
간다." 를 뜻하나니라。("셋"을 뚝뚝개 하기 위하여, 힘을 올리는
때문에, 그 影響을 받아서, 그. 가락도 함께 높아지는 일도 있음)。

　대답은 대개 내리막가락인대, 그중에도 그 내리막이 빠르고 뚝
뚝하면 할수록 더욱, 그 뜻이 決定的이니라。이와 反對로, 그 대답
의 가락이 길게 끄을것같으면, 그 대답가운대에 얼마간의 疑問이
들어있음을 보이는 것이니라。

　"네"나 "아니오"의 대답이, 그 가락을 딸아서, 여러가지의 말밖
에의 뜻이 있음을 우리가 날마다의 말섞음(會話)에서 겪어 아는
바이니라。

　물음은 예사로 오르막가락을 쓰나니: 이는, 그말이 아주 다 끝나
지 아니하야, 오히려 한 잇음(繼續) 끝 대답을 要求하는 때문이니
라。그러나 물음에도 여러 가지의 다름이 있어서, 그 가락도 또한
여러 가지로 닮아지나니라。

　(ㄱ) 그 말이 아모 물음이 될만한 形式(꼴)을 갖후지 못한 것

으로 물음을 삼을 적에는 그 가락의 오르막이 가장 뚝뚝하니라。 이룰터면 "그사람？" "오늘도？" "참말？" "또 그리 하겠다？"에, 서와 같음。

　（ㄴ）　물음씨끝(語尾)을 갖훈 말은 그 가락의 오르막이 좀 덜 뚝뚝하나니: 이룰터면, "그 사람이 혼자 있나？" "너는 밥을 먹었 느냐？"에서와 같음。 특히 저편의 대답을 바라지 아니하는 물음월 에서는, 그 끝을 올리지 아니하나니: "안녕하십니까"에서와 같음。

　（ㄷ）　물음씨(누구, 어대, 언제……)가 들어서 된 물음은 가락 의 오르막이 그 물음씨에 모히고, 그 다음은 이름(對答)과 같은 가락으로 있나니라。 이룰터면, "누구의 책인가？" "어대 가오？" "얼마나 사아 왔소？"에서와 같음。

　물음씨가 들어서 된 물음월 疑問文)의 가락은 끝으로 갈수록 내리막이 된다는 規則에 對하여, 몇가지의 벗어남(例外, 除外例)이 있나니라:

　（ㄱ）　첫재로 우리가 試驗같은 물음에서 흔히 줄물음(連續試 問) 곧 "누구가 말하드냐？ 누구하고 말하드냐？ 언제 말하드냐 ？ 무엇에 對하여 말하드냐？"를 끄어낼 적이 있나니: 이대에 그 월의 가락은 끝에 월밖에는 다 오르막이 되나니라。 이러한 가락은 "오르막이 이을 동안에는 아즉 물음이 끝나지 아니하였으니, 대 답을 하지 말고 있다가, 내리막가락으로써 물음을 끝내거든, 대답 을 하여라" 는 뜻을 보이나니라。

　（ㄴ）　또 남의 물음을 도로 물을 적에는, 물음씨로 된 말도 그 가락이 뚝뚝재 높아지나니: "어대 가느냐？"에 對한 "어대 가느냐

?ᅥ"에서와 같음。

（ㄷ） 또 묻는 말임을 저편에게 뚝뚝이 알리고자 할 적에는, 물음씨가 든 물음말일지라도, 그 끝을 올리는 수가 있음。

두 가지중에 어느것이든지 한 가지를 가려서 대답하여야만할 물음에 있어서는, 첫재 물음은 맞으막이 높으되, 둘재 물음은 그 맞으막이 낮나니라。 이를러면, „이것이 물이냐? 술이냐?"에서와 같음。

우에 말한 것은 주장으로 월가락（文調 Satzton）이지마는, 이밖에 낱낱의 씨에는 씨가락（語調 Wortton）이 있어서 씨의 要素를 일우기가 소리가 씨의 要素를 일우기와 같아, 그 가락을 박구면 그 씨의 뜻조차 닯아지는 수가 있나니; 보기를 들면:

　오르막가락： 손（客）　초（醋）　말（馬）　물（咬）　배（梨），

　내리막가락： 손（手）　초（燭）　말（斗）　물（水）　배（腹）

들과 같음。 대체로 우리말에서는 이 씨가락이 그다지 까닭스럽지 아니하지마는, 다른나라말에서는 큰 묶에를 가지는 대가 많으니라。 支那의 四聲（비록 古今이 같지 아니하되）은 이 씨가락의 좋은 보기이니라。

넷재조각 날　　내 （音節）

68　날내（音節 Syllable）란 것은 한숨에 한번에 내는 한덩이의 소리를 이름이니; 한 소리로 된 것도 있으며, 두서너 소리로 된 것도 있나니라。 보기를 들건대: "아. 부. 님. 닭. 깖"은 네 날내인대, 첫재 날내 "아"는 한소리, 그 담 "부"는 두 소리, "님"은 세 소리, "닭"

은 네 소리, "깕"은 다섯소리로 되었나니라。 우리나라에서는 옛적 부터 한 낱내를 한덩이로 글씨는 버릇이 있기 때문에, 낱내의 셈 은 곧 이른바 글자의 셈과 같으니라。 그러나 글자라는 것하고 낱 내하고는 서로 같지 아니하다: 글자는 漢字의 字에서 나온 말이니, 字는 元來 한 觀念을 나타내는 것이 原則인즉, 한 낱말 곧 씨와 같은 內容을 가진 것이오, 여기에서 말하는 다만 한덩이의 소리를 나타내는 낱내와는 서로 딴판이니라。

　그러하나 낱내는 純全히 客觀的것이 되지 못하고 主觀的 或 傳統的것이니: 소리가 그 셈은 얼마든지간에 한덩이를 이루었다고 생각하면 그만인 까닭에, 各國民의 내림(傳統)과　버릇을 딸아서, 서로 같지 아니함이 있나니라。 이를터면, 잉글리쉬의 Strike, 떠이 취의 Stein 은 한 낱내이지마는, 우리말소리로써 볼것같으면, 네 낱 내이나 세 낱내이나 됨과 같으니라。

69　무릇 여러 가지의 소리가 다 같은 똑똑함(亮度 Sonority)을 가진 것이 아니라: 어떤 소리는 똑똑함이 커서 멀리떨어진 자리 에서 똑똑하게 들히지마는, 어떤 소리는 똑똑함이 적어서 훨씬 가 까운 사이에서도 그리 똑똑이 들히지 아니하니라。 그러한대 대개 有聲音(울음소리)은 無聲音(울음없는소리)보다 똑똑함이 크고, 有 聲音가운대에서도 여러층게가 있다。 이제 이 똑똑한 차레를 딸 아, 모든 소리를 적으면, 다음과 같음:

　1. 有聲音 홀소리……ㅏㅐㅓ
　　 有聲音 홀소리……ㅔㅗ
　　 有聲音 홀소리…‥ㅜㅣ

2. 有聲音 흐름소리……ㄹㄹㄹ

3. 有聲音 코소리………ㅁㄴㆁ

4. 有聲音 갈이소리……ㅸㅿ

5. 有聲音 터짐소리……ㅃㄸㄲ

6. 無聲音 갈이소리……ㆄㅅㅎ

7. 無聲音 터짐소리……ㅂㄷㄱ

이런 때문에 이 여러 소리가 모히어서 한 날내를 일운다 하드라도, 그 날내를 일운 낱낱의 소리가 다 같이 똑똑하게 들히는 것이 아니라: 홀소리가 가장 똑똑하게 들히며; 닿소리는 덜 똑똑하게 들히는 중에도 ㅅㅎㅂㄱㄷ같은 갈이소리 터짐소리는 아조 똑똑하지 몯하니라。 그러함으로 날내는 恒常 똑똑함이 큰 소리가 주장이 되어서 똑똑함이 적은 다른 소리를 거느리나니라。 그러한대 다른 나라에서는 닿소리만이 모히어서, 그중에 똑똑함이 큰 닿소리가 다른 소리를 거느리어 한 날내를 일우는 일이 있지마는 (그뿐 아니라 支那의 SS 四 m̄ 無는 한 씨좇아 됨); 우리말에서는 닿소리만이 날내를 일우는 일이 없고, 반듯이 홀소리가 주장되는 소리가 되어서, 다른 똑똑함이 적은 홀소리 또는 닿소리를 거느리어서, 한 날내를 일우나니라。

닫힌날내와 열힌날내

70 날내에는 두 가지가 있나니: 닿소리로 끝난 것을 받친날내 혹은 닫힌날내(Clos℮d Syllable)라 하며, 홀소리로 끝난 것을 받침없는날내 혹은 열힌날내(Open Syllable)라 하나니라。 이를터면, "각, 놈, 둘, 빛"들은 앞에것이오, "너, 도, 루……"들은 뒤에것이니라。

다섯재조각　소리의닳아집(音의變化)

71 낱낱의 소리는 제각금 一定한 바탕(性質)과 값(價)을 가진 것이지마는, 그것이 날내를 일을 적에, 또는 날내와 날내가 서로 이을 적에, 다른 소리의 影響을 입어, 그 본대의 바탕을 잃어버리 고, 얼마큼 닳아지나니, 이를 소리의 닳아집이라 일컷나니라。

72 이 소리의 닳아집의 原因(대문)은: 첫재, 말을 쓰 使用하) 는 사람들이 힘쓰기의 아낌(努力의經濟) 끝 게으름(怠慢)이니: 이를 터면, ㅜㅓ를 거로 거듭하여 내는 것과 같이, 두 날내 홀소리를 거 듭하여 한 날내로 내는 것과, "넓"을 "넙" 혹 "널"이라 하는 것과 같이, 두 땅소리가 이운 날내를 낼 적에 그 땅소리의 하나를 줄이 어 내는 것과 같으며; 둘재는, 소리를 이어 내기 때문에, 그 본바 탕대로 내기가 어렵음이니: 이를터면 "천리"(千里)의 ㄴ을 ㄹ로 내는 것은, ㄴ이 ㄹ과 잇기 때문에, 그 본바탕대로 내기가 어렵은 때문이니라。

그러나 사람의 맘에 支配되는 소리내는 음죽임(發音運動)과 社 會的 環境의 影響을 입는 말은 저 自然의 法則에 支配되는 理化 學的 變化와는 저절로 서로 다름을 免치 못하나니; 이것이 끝 소 리의 닳아집이 언제든지 꼭 한결로 되어 가아서, 하나도 벗어남(除 外)이 없도록 되지 못하는 까닭이니라。그중에도 어떠한 바꿈(變 化)은 항상 그리되는 것이 있으며; 어떠한 것은 사람과 땅과 정신안 차림(不注意)을 딿아서, 그리 닳아지기도 하고, 안닳아지기도 하나 니: 앞에것을 반듯이되는 닳아집(必然的變化)이라하고; 뒤에것을 어짜다되는 닭아집(偶然的變化)이라 하나니라。

첫 재 목 소리의닭음(音의同化 Assimilation)

73 소리의 닭음이라 하는 것은 소리와 소리가 서로 이어 날 적에, 한 소리가 다른 소리를 닭아서, 그 본대의 바랑을 버리고, 그 다른 소리와 한가지로 또는 가깝게 나는 것을 이름이니: 이를터면, 無聲音이 다른 有聲音을 닭아 有聲音으로 되며;홀소리 ㅣ에 이은 닿소리가 ㅣ를 닭아서 들나게(顯著히) 입웅소리되(Paratalize 口蓋音化)며; 혀끝소리가 다른 입살소리를 닭아서 입살소리되는 것과 같은 것들이니라。 이제 소리의 닭음을, 손쉽게하기 때문에, 홀소리와 닿소리의 두가지에 가르어서 말하겠노라。

(첫재) 홀소리의 닭음。

74 홀소리끼리의 닭음。

(1) ㅣ앞에 있는 홀소리가, 그 ㅣ와 서로 닭아서, ㅣ앞에 있는 그 홀소리도 아니오, 또 ㅣ그것도 아니오, 그 두 소리 사이소리 하나로 나는 것은 이미 앞에 말하였거니와: 그것도 또한 이 홀소리끼리의 닭음의 하나로 볼수가 있나니라。 이를터면,

　ㅏ와 ㅣ가 서로 닭아 ㅐ가 되며,

　ㅓ와 ㅣ가 서로 닭아 ㅔ가 되며,

　ㅗ와 ㅣ가 서로 닭아 ㅚ가 되는 것들이니라。

(2) 홀소리가, 닿소리를 사이에 두고, 그 담에 오는 다른 홀소리를 닭는 수가 있나니:

　먹이의 ㅓ가 ㅣ를 닭아서 ㅔ에 가깝게 나며,

납(鉛)이, 잡히(被捉)의 ㅏ가 ㅣ를 닮아서 ㅐ에 가깝게 나며, 뽑이(抽籤)의 ㅗ가 ㅣ를 닮아서 ㅚ에 가깝게 나는 것과 같으니라。

(3) 홀소리끼리의 닮음에는 홀소리고룸(Vocal Harmony 母音調化)이라는 것이 있나니라。 홀소리고룸이라는 것은 우랄앝다이 말겨레 (Ural-Altai語族)에 붙은 말에만 두루 있는 별다른 소리의 닮아지는 現象인대: 으뜸되는 말의 홀소리가 그담에 달아오는 말의 홀소리에 影響을 미쳐서,그로하여곰 제를 닮게 하야, 제와 한가지 홀소리 또는 제와 가까운 갈래의 홀소리되게 하는 것을 이름이니라。 이를러면 으뜸되는 말의 홀소리가 ㅣ일것같으면, 그담에 달아오는 말의 홀소리가 모다 ㅣ이거나 또는 ㅣ에 가까움 (가깝다고생각하는) 갈래의 소리가 되는 따위이니라。 우랄앝다 이말겨레에 든 말은 그것이 비록 이제는 이 홀소리고룸의 現象이 없드라도, 그 뿌리에 거슬려 읋아가면, 다 한가지로 이 現象이 있었나니라。그런대 그중에 이 現象이 가장 들나게 많이 있는 말은 털키(土耳其)말이오,우리 조선말에도 이 現象의 자최가 이제에도 오히려남아 있음을 보나니라。

(가) 소리흉낸말(擬聲語)과 움즉임짤말(動態語) 가운대에

"솔솔"과 "술술" (바람부는 모양),

"졸졸"과 "줄줄" (물흐르는 모양),

"팔팔"과 "펄펄" (나는 모양),

"짤짤거리"와 "철철거리" (짓거리는 모양으로 된 움즉씨),

"척척"과 "축축" (빨래하는 소리),

 "깜작깜작"과 "껌적껌적" (눈감는 모양),

 "빨따빨따"와 "뻘떠뻘떠" (물먹는 모양),

 "팔락팔락"과 "펄럭펄럭" (나붓기는 모양)

들과 같이, 그 뜻은 대강 서로 같은 말이로되, 첫 낱내의 홀소리를 바꾸면, 그 담에 오는 낱내의 홀소리도 그를 딸아서, 같은 소리로 바꾸히며; 또

 "꼼작꼼작"과 "꿈적꿈적" (움즉이는 모양),

 "콩당콩당"과 "쿵덩쿵덩" (방아찔는 모양)

 "출랑출랑"과 "출렁출렁" (물흔들히는 모양)

과 같이, 첫재와 셋재의 낱내의 홀소리를 바꾼 때문에, 둘재와 넷재의 낱내의 홀소리도 그를 딸아서 그와 가까운 소리로 바꾸힌 것을 볼지니라。

 (나) 움즉씨(動詞)나 얻떤씨(形容詞)의 어찌씨끌(副詞形)의 씨끝(語尾)을 보건대, 그 홀소리가 씨줄기(語幹)의 끝의 홀소리를 딸아서 다르나니, 이를터면:

어찌끌	홀소리고룸	어찌끌	홀소리고룸
막 막아	아——아	부 부어	우——어
먹 먹어	어—어	그 그어	으——어
보 보아	오—아	있 있어	이—어 따위。

 이 두 가지의 보기를 가지고 보건대, 우리조선말에는 대강 담과 같은 홀소리고룸이 있는 것을 집작할 수가 있나니라。

 1. 첫재 낱내에 ㅏ가 있으면, 그 담 낱내에는 ㅏ ㅓ가 오고,

 2. 첫재 낱내에 ㅓ가 있으면, 그 담 낱내에는 ㅓ ㅔ가 오고,

3. 첫재 낱내에 ㅗ가 있으면, 그 담 낱내에는 ㅗㅏ가 오고,

4. 첫재 낱내에 ㅜ가 있으면, 그 담 낱내에는 ㅜㅓ가 오고,

5. 첫재 낱내에 ㅡ가 있으면, 그 담 낱내에는 ㅡㅓ가 오고,

6. 첫재 낱내에 ㅣ가 있으면, 그 담 낱내에는 ㅣㅓ가 오나니라。

이로써 보건대, 우리말에서는 ㅗㅏ가 서로 가까운 소리이오, ㅣ ㅡㅜㅓ가 서로 가까운 소리임을 알지니라。

75 홀소리가 닿소리를 닮음。

홀소리가 닿소리를 닮음에는 다암의 두 가지가 있음。

(1) ㅅㅈㅊ의 알에서 ㅣ가 없어지는 수가 있나니: 이는 ㅣ와 ㅈㅊㅅ의 나는 자리가 서로 가까우므로, 그만 ㅣ가 잘 들어나지 아니한 것이니라。 보기를 들면:

　“샤샤쇼슈”가 “사서소수”로 되고,

　“쟈져죠쥬”가 “자저조주”로 되고,

　“챠쳐쵸츄”가 “차처초추”로 되는 따위。

(2) ㅅㅈㅊ의 알의 ㅡ가 ㅣ로 소리나는 수가 많으니: 이는 ㅡ가 ㅣ와 나는 자리가 가까운 ㅅㅈㅊ을 닮아서 ㅣ로 된 것이니라。 말에 그 보기를 들면:

　“쓰다”가 “씬다”, “가슴”이 “가심”

　“늦은봄”이 “늦인봄”, “궂은비”가 “궂인비”,

　“규측”이 “규칙”, “아츰”이 “아침”으로 나는 따위。

이밖에 ㅏ 다암에는 ㅏ가 따르는 것이 홀소리고룸의 原則인데, 먼저 ㅏ에 특히 ㅈ받침이 있을 적에는, 그 다암에 ㅓ가 따르는 일이 특별히 많으니(갖어, 맞어, 앉어, 낮어……), 이도 또한 홀소리가

닿소리를 닮은 것이라 할 수 있나니라。

(둘재)　닿소리의 닮음。

76　닿소리끼리의 닮음。

두 닿소리가 서로 이어날 적에는，그 이어나는 勢(김)로 말미암아，절로 하나가 다른 하나를 닮아서，닮아지는 일이 있나니: 이를 닿소리끼리의 닮음이라 하며，또 닿소리의 이어바꿈(子音의 連變)이라고도 하나니라。

담에 먼저 닿소리끼리의 닮음의 보기를(一覽表)를 적어 놓고，차례차례 그 닮음의 까닭을 풀어말하겠노라。

	본　소　리	닮아서된소리	맞나는소리	맞나는자리
1	ㄱㅋ	ㆁ	ㄴㄹㅁㆁ	우
2	ㅂㅍ	ㅁ	ㄴㄹㅁㆁ	우
3	ㄷㅅㅈㅊㅌ	ㄴ	ㄴㄹㅁㆁ	우
4	ㄷㅅㅈ	서로갈음	ㅎ밖에모든닿소리	우
5	ㄴ	ㄹ	ㄹ	우, 알
6	ㄹ	ㄴ	ㄴㄹㅎ밖에모든닿소리	알
7	맑은소리	흐린소리	흐린소리	알
8	코소리(ㅁㄴ)	자리옮김	ㄱㅂㅁ	우
9	ㅅㅈㄷㅂ	알에소리와같은소리	ㄱㅂ	우

(1)　ㄱ이 ㄴㄹㅁㆁ우에서 날 때에는 그 알에 닿소리를 닮아서 ㆁ으로 나나니라。元來 ㄱ은 터짐소리(破裂音)이로되, 받침소리(終聲)로 날 적에는 터지어 나오지 아니하고, 닫침소리(密閉音)로

되고마는 때문에, 받침소리의 ㄱ 내는 본과 ㆁ 내는 본의 다름이 다
만 코소리가 있고없음뿐인대, 이제 ㄴㅁㆁ 들의 코소리를 이어내면,
그 소리가 ㄱ에 얼(影響)을 주어서 ㆁ으로 나게 하나니라.

　보기:

　"막느냐"는 "망느냐"와 같고, "백리(百里)"는 "뱅리"와 같고,
　"국물"은 "궁물"과 같고, "오적어(烏賊魚)"는 "오정어"(또오정
어)와 같음.

　(잡이1). ㄹ은 코소리가 아니지마는, ㄴㄹㆁ밖에 모든 닿소리알
에서는 ㄴ으로 바꾸히는 때문에, 끝장은 또한 ㄴ과 같아지나니라.

　(잡이2). ㅋ도 꼭 ㄱ과 같이 바꾸히지마는, 말에 그 보기를 얼
른 찾지 못하겠음, 그런대 ㅋ을 ㄱ과 ㅎ으로 난후어서, ㅎ은 말고
ㄱ만이 ㆁ으로 바꾸힌다 하는 이가 있지마는, 이는 넘어 分析的이
되어서, 도로혀 한덩이가 된 소리를 내는 본에 맞지 아니하니라.
웨그러냐하면, ㅎ은 목청을 갈아나는 맑은소리이니, ㅋ의 ㄱ 에 이
미 흐린소리로 된 다암에는, ㅎ만이 맑은소리의 本態를 징길 수가
없나니; 이미 ㅎ가 흐린소리로 되었다 하면, ㄱ과 ㄴㅁㆁ과의 이어
나는 사이에서 그 存在를 들어낼 수가 없나니라. 다암의 ㅍㅊㅌ
도 다 이러하니라.

　(잡이3). ㄱ과 ㅋ이 ㄴㄹㅁㆁ우에서 ㆁ으로 바꾸힌다 하지마는,
實際의 말에서 ㄱ과 ㆁ이 서로 얼마큼 다름이 있음을 免치 못하
나니라. 이를터면:

　"국내"(國內)와 "궁내"(宮內)가 꼭 같지는 아니하며,

　"박리"(薄利)와 "방리"(方里)가 꼭 같지는 아니한 따위이니

라。그러나 이는 ㄱ이 ㆁ으로 바꾸히지 아니한 때문이 아니오, 다만 본시 ㄱ이 붙은 낱내는 본시 ㆁ이 붙은 낱내보다 그 소리가 재빠른(短促한) 때문이니라。끝 그 다름은 닿소리에 있지 아니하고 홀소리에 있나니라。

(2) ㅂㅍ이 ㄴㄹㅁㆁ우에서 날 적에는, 그 알에 닿소리(코소리)를 닮아서, ㅁ으로 나나니라。그 바꾸히는 까닭은 ㄱㅋ이 ㄴㄹㅁㆁ우에서 ㆁ으로 바꾸히는 것과 꼭 같으니라。

보기:

“갑니다”가 “감니다”와 같고, “섭리”(攝理)가 “섬리”와 같고,

“밥물”이 “밤물”과 같고, “속냎나고”가 “속님나고”와 같고,

“닢마다”가 “님마다”와 같음, (ㅂ과ㆁ, ㅍ과ㆁ, ㅍ과ㄹ이 서로 잇는 보기는 말에서 찾지 몯함)。

(3) ㄷㅅㅈㅌㅊ이 ㄴㄹㅁㆁ우에서 날 적에는, 그알에 닿소리(코소리)를 닮아서, ㄴ으로 나나니: 그중에 ㄷ뜨이 ㆁ으로 바꾸히는 까닭은 ㄱㅋ이 ㆁ으로 바꾸히는 것과 같으며; ㅅㅈㅊ이 ㄷ뜨과 같이 ㄴ으로 바꾸히는 까닭은 다암에 말함과 같이 ㅅㅈㄷ이 ㅎ밖에 모든 닿소리우에서는 서로 같은 소리로 나는 때문이니라。

보기:

“받(受)느냐”가 “반느냐”, “앗(奪)느냐”가 “안느냐”,

“맞(適)느냐”가 “만느냐”, “빛나다”가 “빈나다”,

“낱낸다”가 “난낸다”와 같고;

“끝(處)마다”가 “끈마다”, “붓(筆)마다”가 “분마다”,

“낮(晝)마다”가 “난마다”, “꽃(花)마다”가 “끈마다”,

"낯(顔)마다"가 "난마다"와 같고;

ㄹㆁ이 ㄷㅅㅈㅊㄷ의 알에 이어나는 말의 보기는 찾지 몯함。
(88쪽 (6)을 보라)。

(4) ㄷㅅㅈ이 ㅎ밧에 모든 닿소리우에서 이어날 적에는, 서로
한가지가 되나니: 이는 다름이 아니라, ㄷㅈ은 본래 터짐소리(ㅈ은
얼마콤 갈이소리의 바탕을 띤듯하되, 그 으뜸되는 갈래는 터짐소
리이니라)이로되, 다른 닿소리우에서는 터지어나지 아니하고, 닫침
소리가 되며; ㅅ은 본대 갈이소리여지마는, 다른 닿소리우에서는
갈아나지 아니하고, ㄷㅈ과 한가지로 닫침소리가 되는 때문이니
라。 또 ㄷ과 ㅈ은 본대 다른 소리이지마는, 원통 다른소리가 아니
라, 그 첫머리가 목에서 나오는 숨과 울음을 꽉 막는 것은 서로 같
은 것인대(막는 자리가 조끔 다름이 없지 아니하지마는, 그것은 잘
들어나지 아니함), 두 소리가 ㅎ밧에 다른 닿소리우에서 날 적에
는, 그 첫머리(Einsatz)만 나고, 끄트머리(Absatz)는 나지 아니하기
때문에 서로 같아지나니라。

보기말:

"받(受)기"가 "밧기"•"밪기"와, "벗(脫)기"가 "벋기"•"벚기"와,
"잊(忘)기"가 "잇기"•"읻기"와 같고;

"받느냐"가 „밧느냐"•"밪느냐"와,

"벗느냐"가 "벋느냐"•"벚느냐"와,

"잊느냐"가 "잇느냐"•"읻느냐"와 같으며……남아도 다 이러함。

(잡이1)。 ㅊㅌ도 다른 소리우에서 날 적에는, 또한 ㄷㅅㅈ과 서
로 같이 나나니: 이는 ㅊㅌ의 ㅎ가 잘 들어나지 몯한 때문이니라。

보기를 들면:

　"붙(附)기"가 "붖기" "붓기" "붇기" "붗기"와 같고;

　"붙저"가 "붓저" "붖저" "붇저" "붗저"와 같고;

　"및고"(及)가 "밋고" "및고" "믿고" "밑고"와 같고;

　"및논"이 "밋논" "및논" "믿논" "밑논"과 같음。

　남아도 다 이러함。

　(잡이2)。 이러하므로 ㄷㅅㅊ이 어떻게 서로 이어나든지 우의 소리는 알의 소리로 바꾸힌다고 할수가 있나니라。 이를터면:

　"벗다"는 "벋다"와 같고, "읏다"는 "읻다"와 같으며;

　"받소"는 "밧소"와 같고, "읏소"는 "잇소"와 같으며;

　"벗지"는 "벗지"와 같고, "받지"는 "밧지"와 같음。

　(잡이3)。 ㄷㅈㅅ이 ㅎ우에서는 서로 같지 아니하나니: ㄷ은 ㅎ와 거듭하여 ㅌ이 되고, ㅈ은 ㅎ와 거듭하여 ㅊ이 되고; ㅅ은 ㅎ를 맞나 제 소리대로 날 수가 있는 때문이니라。 그러하지마는, ㅅ이 ㅎ우에서 ㅎ이 ㄷ과 같이 나는 수가 있나니: 이는 ㅅ을 다른 닿소리우에서 닫침소리(密閉音)로 내는 버릇이 있는 때문이니라。 이를터면:

　"반듯하다"가 "반듣하다"와 같고,

　"붓하고먹하고"가 붇하고먹하고"와 같음。

　(5)　ㄴ이 ㄹ의 우나 알에서 날 적에는, ㄹ을 닮아서 그 코소리가 없어지고, 흐름소리(流音)가 되어서, ㄹ로 나나니라。

　보기말:

　"천리"(千里)가 "철리"와 같고, "팔년"(八年)이 "팔련"과 같고,

“솔닢”이 “솔립”과 같은 따위。

(잡이1)。이때에 ㄹ이 ㄴ을 닮는 수가 있나니:

“천량”(千兩)을 “천냥”과 같이 범과 같으니라。

(잡이2)。이 ㄴ과 ㄹ의 닮음은 제 소리대로 낼 수가 있나니：다른 나라에서는 제 소리대로 내는 대가 있나니라。

(잡이3)。ㄴ이 ㄹ로 바꾸히는 것은 우리말의 한 보람(特色)이니：(ㄱ)。ㄴ과 ㄴ이 이어날 적에도 두 ㄴ이 다 ㄹ로 바꾸히는 것이 있으며,(ㄴ)。홀소리알에서도 ㄴ이 ㄹ로 바꾸히는 것이 있나니, 이는 純全히 우리말의 버릇이라 할밖에 없나니라。보기를 들면:

　　ㄱ. “만년”(萬年)을 “말련”,　　“곤난”(困難)을 “골란”,

　　　　“근년”(近年)을 “글련”,

　　ㄴ. “기능”(技能)을 “기릉”,　　“재난”(災難)을 “재란”

　　　　이라 하는 따위。

(6) ㄹ이 ㄴㄹ한밖에 모든 닿소리알에서는 ㄴ으로 나나니: 이는 ㄹ이, 그 우에 있는 닿소리가 다 닫침소리이기 때문에, 흐름소리(流音)가 되지 못하고, 코소리(鼻音)로 되기 섭은 때문이니라。

보기말:

“백로”(白露)가 “백노”,　“감로”(甘露)가 “감노”

“섭리”(攝理)가 “섭니”,　“빚량”(債兩)이 “빚냥”,

“맏량반”(伯兩班)이 “맏냥반”, “몇량”(幾兩)이 “몇냥”,과 같음

(“ㄷㄹ” “ㅋㄹ” “ㅌㄹ”은 그 보기를 찾지 못함。)

(잡이)。ㄹ이 ㄴ알에서도 더러 ㄴ으로 바꾸히는 수가 있는 것은

앞에 말하였나니라.

（7） 이밖에 닿소리끼리의 닮음에는, 맑은소리가 흐린소리를 닮아서 흐린소리가 되는 것이 있나니; 이를터면:

"감기"(感氣)의 ㄱ(k)이 그앞에 있는 흐린소리ㅁ을 닮아서 흐린ㄱ(g)으로 나며,

"진지"의 ㅈ(ch)이 그앞에 있는 ㄴ을 닮아서 흐린ㅈ(j)으로 나며,

"꼼보"의 ㅂ(p)이 그앞에 있는 ㅁ을 닮아서 흐린ㅂ(b)으로 나는 따위。

그러나 원래 맑은소리와 흐린소리를 마조세워서 뚝뚝이 가르지 아니하는 우리말에서는, 이 맑은소리가 흐린소리를 닮는 것이 그리 들나게 注意를 끌지 아니하나니라.

（8） 코소리가 그알에 오는 소리를 닮아서, 그 본대의 나는 자리를 버리고, 그알의 소리의 나는 자리에서 나는 수가 있나니라.

（ㄱ） ㅁ, ㄴ이 ㄱ우에서 ㅇ으로 바꾸히는 수가 있나니:

"삼개"(麻浦)를 "상개", "감기"(感氣)를 "강기"라 하며,

"손가락"을 "송가락", "반갑다"를 "방갑다"라 하는 따위。

（ㄴ） ㄴ을 ㅂㅁ우에서 ㅁ으로 내는 수가 있나니:

"신발"을 "심발", "신문"을 "심문"이라 하는 따위。

（9） 우에 닿소리가 그알에 닿소리를 닮아서, 그와 길은 소리로 나는 일이 있나니라。

（ㄱ） ㅅ을 ㄱ우에서 ㄱ으로 내는 수가 있나니:

"삿갓"을 "삭갓"이라하며, "벗기다"를 "벅기다"라 하며,

“꾀꼬리”(鸎·古語)를 “째꼬리”라 하며,

“밧고니”(換·古語)를 “바꾸니”라 하며,

“것그니”(折·古語)를 “꺼끄니”라 하며,

“뭇으니”(束·古語)를 “묶으니”라 하는 따위。

(ㄴ)　ㅅㅈㄷ을 ㅂ우에서 ㅂ으로 내는 수가 있나니:

“갓방”(笠房)을 “갑방”이라 하며, “깃브”(喜)를 “깁브”라 하며.

“엿본다”를 “엽본다”라 하며, “낮브”를 “납브”라 하며,

“밋브”를 “밉브”라 하는 따위。

(ㄷ)　ㄷ을 ㄱ우에서 ㄱ으로 내는 수가 있나니:

“몯거지”(集會)를 “목거지”라 하는 따위。

(ㄹ)　ㅂ을 ㄱ우에서 ㄱ으로 내는 것이 있나니:

“밥그릇”을 “박그릇”이라 함。

이가온대 7. 8. 9. 도 다 그리 닮을만한 바탕이 있어서 그리 된 것이지마는, 이는 반듯이 그리 되는 것이 아니오, 다 제 소리대로 넉넉히 낼 수가 있나니라。

77　닿소리가 홀소리를 닮음。

(1)　입웅소리되기(口蓋音化, Palatalisierung)。이는 닿소리가 홀소리 ㅣ의 얼(影響)을 입어서, 그를 닮아서, 그 본대 나는 자리를 버리고, ㅣ의 나는 자리 곧 앞입웅(前口蓋)에서 나는 것을 이름이니; 이를터면:

“다뎌됴듀디”의 ㄷ이 ㅣ를 닮아서, 입웅소리 ㅈ으로 되어서, “쟈 져죠쥬지”로 나며,

“탸텨툐튜티”의 ㅌ이 ㅣ를 닮아서, 입웅소리 ㅊ으로 되어서, “챠

쳐쵸츄치"로 나며,

"기"의 ㄱ이 ㅣ를 닮아서, 입웅소리 ㅈ으로 되어서, "지"로 나며(길=질, 기동=지동, 기름=지름, 키=치),

"냐녀뇨뉴니"의 "ㄴ"이 ㅣ를 닮아서, 입웅소리 ㄴ(ñ, 끝 예사 ㄴ보다 좀 안쪽으로 들여서 내는 것)으로 나는 따위.

(2) 맑은소리가 흐린소리되기(無聲音의有聲音化)。 이는 맑은 닿소리가 홀소리를 닮아서 흐린소리로 되는 것을 이름이니; 이를러면:

"아즈머니"의 "ㅈ"이 "ㅏ"를 닮아서 흐린소리가 되며,

"아우가 몇이냐"의 "가"의 "ㄱ"이 "ㅜ"를 닮아서 흐린소리가 되며,

"우비"의 "비"의 "ㅂ"이 "ㅜ"를 닮아서 흐린소리가 되는 따위.

이 입웅소리되기는 平安道말고는 다 그리 되며(平安道에서도 ㄱ이 ㅈ으로 되기는 한다), 흐린소리되기는 언제든지 반듯이 그리 되는 것이 아니오, 그리 될 적과 끝도 있으며, 그리 안될 적파 끝도 있나니라.

둘 재목 소리의줄임
(第 二 項 音 의 縮 約)

78 말을 훗지게 또 빨리 할랴고으로 소리를 줄이는 일이 있나니: 앞에 목에서 말한 소리의 닮음은 소리의 나는 자리가 닮아짐(空間上變化)임에 對하여, 이 소리의 줄임은 소리의 나는 동안이 닮아짐(時間上變化)이니라. 이 동안의 닮아짐에는 소리의 줄임뿐

아니라, 그밖에 또 소리의 늘임(音의延增)도 들 것이지마는, 우리말
에서는 이 소리의 늘임은 다만 한소리를 길게 내는 것이 있을 따
름이오, 特別히 벌이어 말할 必要가 없기로, 여기에는 그만 두고,
다만 소리의 줄임만 말하노라。

　이제 풀이를 쉽게하기 爲하여, 소리의 줄임을 (첫재) 홀소리의
줄임, (둘재) 닿소리의 줄임, (셋재) 홀닿소리의 줄임의 세 가지에
난후어 말하겠노라。

　79　홀소리의 줄임。

　홀소리가 서로 이어날 적에는, 혹은 빼어 버리고, 혹은 거듭하여
서, 소리의 날내를 줄이는 일이 있나니라。

　(1)　홀소리를 빼어 버리어서 날내(音節)를 줄이는 것。

　(ㅏ).　같은 홀소리를 이어낼 적에 그 하나를 줄이는 것이니: 이
는 같은 소리를 둘이나 이어서 내기 때문에, 따로따로 띠어서 내
기가 도로 不便한 때문이니라。 말에 보기를 들면:

　　“가아보니”를 “가보니”라 하고,

　　“서어서있다”를 “서서있다”라 함。

　이말에 “아”와 “어”는 “막아보니; 잡아보니; 넘어간다; 걸어간
다”와 같이 다른 말에도 쓰히는 씨끝(語尾)인대, 그우에 그와 같
은 소리로 끝진 말을 이어내기 때문에, 줄이어 내나니라。

　(ㅑ).　ㅡ와 ㅓ를 이어낼 적에 ㅡ를 줄이는 것이니: 이는 소리내
는 법이 ㅡ는 그우에 오는 닿소리와 같이 혀모(顎角)가 적고, ㅓ
는 혀모가 크므로, ㅡ로 끝진 날내와 ㅓ를 이어내면, ㅡ는 절로 묻
히어서 들어나지 아니하기 쉬운 때문이니라。 말에 보기를 들면:

"뜨어돌고"를 "떠돌고"라 하고, "깃브어한다"를 "깃버한다"라함。

이 말에 "어"가 앞에 말한 바와 같이 다른 말에도 쓰히는 씨끝 (語尾)인대, ㅡ가 이 ㅓ를 맞난 대문에 줄어진 것이니라。

(잡이)。 "르"로 끝진 말이 ㅓ를 맞나아서 ㅡ가 줄어질 적에는, 예사 ㄹ을 ㄹㄹ로 내는 것이 우리말의 버릇이니라。 (물론 벗어남이 아조 없는 것은 아니지마는)。

이를터면:

"흐르어간다"를 "흘러간다", "부르어온다"를 "불러온다",

"가르어먹고"를 "갈러먹고"라 합。

(2) 홀소리를 거듭하여서 날내를 줄이는 것。

(ㅏ). ㅗ와 ㅏ를 이어낼 적에, ㅗㅏ를 거듭하야, 한 날내로 만드는 것。 말에 보기를 들면:

"그 사람이 오았다"를 "그 사람이 왔다"라 하고,

"그 사람을 보았다"를 "그 사람을 봤다"라 합。

이 말에 "왔다"・"봤다"의 "았"은 "잡았다" "막았다" 에서와 같이 다른 말에도 쓰히는 것인대, 그우에 ㅗ를 이어내는 대문에, ㅗ와 거듭하여서, "왔"으로 된 것이니라。

(ㅑ). ㅜ와 ㅓ를 이어낼 적에, ㅜㅓ를 거듭하여서, 한 날내로 만드는 것。 말에 보기를 들면:

"요새는 날마다 음식을 다루어 놓으니까"를

"……다뤄 놓으니까"라 하며,

"굽은 가지를 바루어라"를 "굽은 가지를 바뤄라" 고 합。

이 말에 "어"・"어라"는 "집어먹어, 집어라, 먹어라"와 같이 다

론 말에도 쓰히는 씨끝(語尾)인대, 그우에 ㅜ를 이어내므로 ㅜ와 거듭하여서, "ㅝ"가 된 것이니라.

(ㅕ). ㅣ와 ㅏㅓㅗ를 이어낼 적에, ㅑ, ㅕ, ㅛ를 거듭하여서, 한 낱내로 만드는 것。말에 보기를 들건대:

"크지않다"를 "크쟎다"고 하고,

"집을지었다"를 "집을졌다"고 하고,

"당신은 가시오"를 "당신은 가쇼"고 하는 대가 있음。

이 말에 "않다(아니하다), 었다, 오"가 다 딴 말인대, 그우에 있는 ㅣ와 거듭하여서, 낱내가 줄어진 것이니라.

80　닿소리의 줄임。

닿소리를 서로 이어낼 때에, 소리를 줄이는 수가 있나니라。

(1)　여러 닿소리를 한꺼번에 이어내기 때문에, 다 들어내기가 어렵어서, 가운대 어떤 소리를 내지 아니하는 것。말에 보기를 들건대:

"넓고"를 "넙고" 혹은 "널고"라 하고,

"젊쟎소"를 "점쟎소"라 함。

(2)　같은 소리가 셋이나 이어나기 때문에, 다 들어나지 못하여서, 하나는 줄어지고, 둘만 들어나는 것。말에 보기를 들건대:

"닭기가 어렵소"를 "닥기가 어렵소"라 하고,

"박꽃은 히다"를 "박꽂은 히다"라 하고,

"있소"를 "잇소"라 하고, "먹었소"를 "먹엇소"라 함。

이 말에 "닭"과 "기", "박"과 "꽃", "있"과 "소", "었"과 "소"가 다 제각금 뜻이 있는 딴 말인대, 이제 두 말이 이어나매, ㄱ이 셋이나 되므로, 둘만 들어나고, 하나는 줄어졌나니라。

81　홀닿소리의 줄임

이는 다만 말을 홋지게 도 빨리 하게하기 爲하여, 홀닿소리를 한꺼번에 줄이는 것이니; 말해 그 보기를 들전대:

"그러할 리가 어대 있겠소"를 "그럴 리가 어대 있겠소"고 하며,

"관계하지않소"를 괜챦소(관계하챦소, 판젤챦소, 괜챦소, 팬찬소, 핀찬쇼)고 함。 (않소는 "아니하오"의 줄이힌 것)。

셋 재 목　닿소리의들어나는힘
（子 音 의 發 音 力）

82　닿소리가 그 나는 자리의 다름을 딸아서, 그 들어나는 힘이 닮아짐이 있나니: 낱내의 첫소리로 날 적에와 끝소리로 날 적에와 가온대소리로 날 적에와 그 힘이 서로 다르나니라。

（1） 첫소리로 날 적에는 저의 소리대로 온전히 잘 들어나므로 서로 갈지 아니하되, 끝소리로 날 적에는 저의 소리대로 온전히 잘 들어나지 아니하므로 서로 갈아지는 것이 있나니; 보기를 들면:

（ㄱ） "다사자타차"의 ㄷㅅㅈㅌㅊ은 서로 다르되,
　　　　"낟낫낮낱낯"의 ㄷㅅㅈㅌㅊ은 서로 갈으며;

（ㄴ） "가, 카" "바, 파"의 ㄱ과ㅋ, ㅂ과ㅍ은 各各 다르되,
　　　　"낙, 낰" "갑, 갚"의 ㄱ과ㅋ, ㅂ과ㅍ은 各各 서로 갈으며;

（ㄷ） "가까" "다따" "바빠" "사싸" "자짜"의 ㄱ과ㄲ, ㄷ과ㄸ,
　　　　ㅂ과ㅃ, ㅅ과ㅆ, ㅈ과ㅉ은 各各 서로 다르되,
　　　　"낙낚" "낟낟" "갑갑" "낫샀" "낮샀"의 ㄱ과ㄲ, ㄷ과ㄸ,

ㅂ파ㅃ, ㅅ파ㅆ, ㅈ파ㅉ은 各各 서로 같음。

(잡이1)。 우에 벌이어 적은 것 가온대에, ㄱ·ㄴ과 같이 本來 다른 소리가 끝소리로 난다고 서로 한가지가 되는 것은 다름이 아니라: 닿소리에는 첫머리(Einsatz)와 끝으머리(Absatz)가 있어서, 첫소리로 날 적에는 그 첫머리와 끝으머리가 온전히 잘 들어나지마는, 끝소리로 날 적에는 그 첫머리만 들어나고 끝으머리는 잘 들어나지 아니하는 것이 우리말의 예사인대; 우에 든 ㄷㅅㅈㄷㅊ파 ㄱㅋ파 ㅂㅍ이 첫소리로 날 적에는 저이끼리 各各 서로 다르다가, 끝소리로 날 적에는 서로 같아짐은, 그것들이 첫머리는 서로 같고, 끝으머리만 서로 다른 때문이니라。 자세히 살펴보면, 이 소리들의 첫머리가 꼭 같은 것은 아니다: ㄷ은 ㄷ보다, ㅊ은 ㅈ보다, ㅋ은 ㄱ보다, ㅍ은 ㅂ보다 ㅎ지 많은 것만큼 소리가 것세(激)며; 또 ㅈㅊ은 본대 갈이 갈이소리의 바탕을 얼마큼 가졌으니, ㄷㅌ보다는 딱 막는 힘이 덜할 것이며; 더구나 ㅅ은 원롱 갈이소리인즉, 그것이 決코 ㄷ모양으로 꽉막는 받침이 될 리가 없는 것이다。 이 ㅅ을 ㄷ과 같은 받침으로 내는 것은 우리말의 순전한 버릇으로 볼 것이다。 그러한즉 ㅅ은 그만두고라도, ㄷㅌㅈㅊ이 서로 같고, ㄱㅋ이 서로 같고, ㅂㅍ이 서로 같은 것은 그 적은 다름이 끝소리로서는 잘 들어나지 못한 때문이니라。 또 (ㄷ)에서와 같이, 홋닿소리와 짝닿소리가 끝소리로 날 적에 서로 같아짐은 끝소리로 날 적에는 홋소리만이라도 꽤 단단하여진 고로, 짝소리라도 더 단단하게 들어내기가 어려운 때문이니라。

(잡이2)。 ㄹ과 ㄹㄹ은 끝소리로 날 적에도 서로 다르게 나나니:

이는 ㄹ이 本來 원와 약한 소리인 까닭에, 그 짝소리ㄹㄹ이 끝소리
로 날지라도 ㄹ보다는 훨신 더 뚝뚝하게 날만한 餘地가 있는 때
문이니라。 그러나 우리말의 소리의 버릇으로, ㄹ을 끝소리로 낼
적에는 ㄹㄹ로 내는 것이 많으므로, ㄹ과 ㄹㄹ이 끝소리로는 역시 같
아지는듯이 보히나니라。

（2） 첫소리로 날 적에는 저의 소리대로 넉넉이 잘 들어나지
못하는 거듭닿소리가, 끝소리로 날 적에는, 저의 소리대로 넉넉이
잘 들어나는 것이 있나니; 보기를 들면:

ㄹ바, ㄹ가, ㄹ마……의 ㄹㅂ ㄹㄱ ㄹㅁ은 저의 소리대로 잘 들어나지 못하
지마는, 훑, 흙, 옮 …… 의 ㄹㅂ ㄹㄱ ㄹㅁ은 저의 소리대로 잘 들어남。

（3） 첫소리로나 끝소리로는 저의 소리대로 넉넉이 들어나지
못하던 소리이라도, 그 우나 알에 홀소리가 오아서 그 닿소리가
가운대소리로 나게 되면, 잘 들어나는 것이 있나니; 보기를 들면:

（ㄱ） ㄹㄱ가, ㄹㅂ바, ㄹㄷ다의 ㄹㄱ, ㄹㅂ, ㄹㄷ들과 ㅌ ㅊ ㅋ ㅍ ㅌ ㅌ ㅆ ㅉ
의 ㄷ ㅅ ㅈ ㅌ ㅊ ㄸ ㅆ ㅉ……들은 다 온전히 잘 들어나지 못하되,

（ㄴ） ㅏㄹㄱ가, ㅏㄹㅂ바, ㅏㄹㄷ다의 ㄹㄱ, ㄹㅂ, ㄹㄷ들과 ㅌ은, ㅊ은, ㅋ은,
ㅍ은, ㅌ은, ㅌ은, ㅆ은, ㅉ은……의 ㄷ ㅅ ㅈ ㅊ ㅌ ㄸ ㅆ ㅉ……
들은 다 온전히 잘 들어남과 같음。

여섯재조각 익음소리
（第六節 習慣音）

83 우리말의 소리내는 법을, 나는 여태까지 가늘게 풀이하여 왔
다。 그러하나 우에 說明한 것밖에도 소리의 닯아짐이 있나니: 이를

便宜的으로 한덩이로 하여, 여기에 "의음소리"란"이름 알에서 말
하고자 한다。

　"의음소리"라 함은 의음으로 말미암아서 그리 내는 것이란 뜻이
다。 그러나 아모리 의음이라 할지라도 그리 의율(變할)만한 까닭
이 아조 없지 아니하나니: 본소리와 의음소리와의 사이에는 본대
近似한 音理를 가진 것인대, 의음으로 말미암아서, 더러 이리도 되
고, 저리도 된 것이 많다。

　84 이제 다시 그 의음의 原因을 찾아 보면:

　1. 歷史的事情이니: "가을"과 "가슬"을 두루씀은 原來 그 말이
"가슬"이던 때문이오,

　2. 心理的關係어니: "하고"를 "허고" 혹은 "허구"라 함은 微妙
한 感情의 差異를 들어내고자한 때문이요,

　3. 語族的通性이니: ㄹ 첫소리를 잘 내지 못함은 우랄앍다이語族
에서는 ㄹ 첫소리로 된 말이 없음이 通則인 때문이오,

　4. 音理의 相近이니: "ㅂ"을 "우"로 범은 그 소리내는 법이 서
로 가까움 때문이오,

　5. 敎育의 缺陷이니: ㅡ와 ㅓ, ㅏ와 ㅔ를 분간하지 못하는 것은 순
전한 소리법의 敎育이 없어서 되는대로 내어버려 둔 때문이오,

　6. 單純한 의음이니: "조밥"을 "조팝"이라 하며, "갓모"을 "갈모"
라고도 함은 單純한 의음으로 볼 것이다。

　85 이와 같이 의음소리의 原因은 여러 가지이다。 그러한즉 여
기에서 풀이하는 의음소리란 것은 우리말의 소리를 硏究理會하는
대에 매우 必要한 것이기 때문에 말하는 것이오, 決코 물밀어(다)

없여버리자, 바로잡자 는 뜻으로 말하는 것이 아니다。곧 의음소리
는 소리로써 그러한 事實과 理致를 알아둘 따름이오,決코 標準語
잡음을 規律할 것은 아니다。두 가지의 의음소리중에서 어느것을
標準語音으로 잡겠느냐 하는 問題는 音理의 問題가 아니오, 事實
의 問題이다。그러하므로 우에 든 여섯 가지 原因가온대 敎育的
缺陷으로 된 것밖에는 다 마고 排斥할 것이 못되나니라。

　의음소리에는,그 본소리와 의음소리를 가를 수 있는 것도 있으되,
가를 수 없는 것도 있나니라。또 의음소리는 때와 곧과 사람을 딸
아서,그 소리남이 다 같은 것도 있으며,같지 아니한 것도 있나니라。
　이제 우리말의 의음소리를 쉽게 의음홀소리와 의음닿소리의 두
가지에 갈아서 적겠노라。

첫 재 목 의 음 홀 소 리

86 의음홀소리는 대강 담파 같으니라。

(1). ㅏ를 ㅓ로 내나니:

"하고"를 "허고"라 하며,

"우방"을 "우벙" 또는 "우엉"이라 하는 따위。

ㅏ를 ㅗ로 내나니:(慶尙全羅에서)

"맞"을 "몾", "팔"을 "폴",

"말"을 "몰", "바른다"를 "모른다"라 하는 따위(ㆍ에서 닳힌것)。

(2). ㅑㅕㅛㅠ가 ㅅㄷㅈㅊㅌ으로써 그 첫소리를 삼을 때에는
ㅏㅓㅗㅜ로 나나니:

"샤회"(社會)를 "사회", "셔신"(書信)을 "서신",

　　"쇼년"(少年)을 "소년", "슈로"(水土)를 "수토"라 하며,

　　"그쟈"(者)를 "그자", "수져"(箸)를 "수저", "죠선"을 "조선",

　　"쥰비"(準備)를 "준비"라 하며,

　　"던긔"(電氣)를 "전긔", "비됴"(飛鳥)를 "비조"라 하며,

　　"텬하"(天下)를 "천하", "렬로"(鐵路)를 "철로"라 하며,

　　"자동챠"(自働車)를 "자동차", "천대"(賤待)를 "천대",

　　"쵸대"(招待)를 "초대", "츄슈"(秋收)를 "추수"라 하는 따위.

　　(잡이). 우에 적은 보기는 다 漢字의 音으로 된 말이니, 純粹한
우리말에는 ㅅㅈㄷㅌㅊ을 첫쇼리로 삼은 ㅑㅕㅛㅠ가 거의 없다
할만하니라. 그러므로 漢字音으로 아조 우리말이 되어버린(歸化
한)것은 도로혀 의음쇼리로써 대중말(標準語)을 삼을만하다 하노
라.

　　이러한 의음쇼리의 理致에 關하여는 앞에 이미 말하였나니라.

　　(3). ㅕ를 ㅔ로 내나니:

　　"몇사람"을 "멫사람", "벼"(稻)를 "베"라 하며,

　　"불을켠다"를 "불을켄다"고 하는 따위.

　　(4). ㅓ와 ㅗ를 가르지 못하는 대가 있나니:

　　"먼저"를 "몬저"라 하는 따위.

　ㅓ와 ─를 가르지 못하는 대가 있나니:

　　"헌법"(憲法)을 "흔법", "어찌"를 "으찌",

　　"얼마"를 "을마"라 하며,

　　"배를먹고"를 "배럴먹고", "죽음"을 "죽엄",

　　"갑을"(甲乙)을 "갑얼"이라 하는 따위.

(5). ㅗ와 ㅜ를 서로 섞어쓰나니:

"맞오"와 "맞우", "자조"와 "자주", "바로"와 "바루",

"가로"(橫, 粉)와 "가루", "아조"와 "아주"를 서로 섞어쓰는 따위。

(잡이), 이것은 特히 서울에서 더 甚하니:

"돈오전"을 "둔우전"" "호탕이"를 "후탕이",

"못한다"를 "문한다"고 하는 따위는 다른대에서는 보지 못할 버릇(사투리)이니라。

(6). ㅡ와 ㅗ와 ㅜ를 섞어쓰는수가 있나니:

"소금"과 "소꿈"과 "소굼",

"오즘"과 "오솜"과 "오줌" (혹 "오집"),

"구름"과 "구룸"을 두루쓰는 따위。

(7). ㅡ와 ㅣ를 섞어 쓰는 일이 있나니:

"쓴다"(用)를 "씬다", "슬어라"(掃)를 "씰어라",

"되었으므로"를 "되었이므로"고 하며;

"오죽"을 "오직", "시다"(酸)를 "스다",

"씬다"(書)를 "쓴다"고 하는 따위。

(8). ㅡ와 ㅏ를 두루씀이 있나니:

"가슴"과 "가삼"과 "가심", "아츰"과 "아참"과 "아침",

"반듯이"와 "반닷이", "여듦"과 "여닯"을 두루쓰는 따위。

(잡이)。ㅡ와 ㅏ를 두루쓰는 것은 대개 다 옛적에 ㆍ로 적힌 말이니, 이는 ㆍ가 뒤사람들에게 ㅡ나 ㅏ로 소리내히게 된 때문이니라。

(9). ㅘ를 ㅏ로 내는 대가 있나니(남쪽땅에서):

"관"(舘)을 "간", "왔다"를 "았다",

"완전"(完全)을 "안전"이라 하는 따위。

(10). ㅘ를 가로 내는수가 많으니:

"술과 담배"를 "술가 담배",

"파자"(菓子)를 "가자"라 하는 따위。

(잡이)。우리글씨에는 가를 쓰지 아니하지마는, 말의 소리에는 가를 많이 내나니(곧 英語의 Wa): 이담 을적(將來)에 우리말소리 를 잘 調査하여서 이 가소리도 쓰는 것이 좋을 줄로 생각하노라。

(11). ㅓ를 ㅓ로 내는 대가 있나니(機張東萊等地):

"권리"(權利)를 "건리", "원고"(原稿)를 "언고"라 하는 따위。

(12). ㅔㅕ를 ㅣ로 내는 대가 있나니(慶尙道):

"메"(山)를 "미"(또 "뫼"), "메ㅅ나물"을 "미ㅅ나물",

"몇사람"을 "및사람"이라 하는 따위。

(13). ㅔ를 ㅐ로 내는 대가 있나니(慶尙道):

"학교에 간다"를 "학교애간다", "떼"(隊)를 "때"라 하는 따위。

(14). ㅚ를 ㅐ로 내는 대가 있나니(東萊釜山等地):

"쇠"(鐵)를 "새", "되였다"를 "대였다"라 하는 따위。

(15). ㅟ를 ㅣ로 내는 대가 있나니(慶南海岸等地):

"나라를 위하야 일하라"를 "나라를 이하야 일하라"

"귀한 사람"을 "기한 사람"이라 하는 따위。

(16). ㅢ를 ㅓ로 내는 대가 있나니:

"그 사람의 아들"을 "그 사람어 아들",

“누구의 죄”를 “누구어 죄”, “의걸이”를 “어걸이”,

“의주”(義州)를 “어주”라 하는 따위。

(17)． ㅢ를 ㅔ로 내는 대가 있나니(서울)：

“그 사람의 아들”을 “그 사람에 아들”,

“누구의 죄”를 “누구에 죄”라 하는 따위。

(18)． ㅢ를 ㅣ 혹은 ㅡ로 내는 대가 있나니：

“의원”(醫院)을 “이원” 혹은 “으원”,

“의리”(義理)를 “이리” 혹은 “으리”라 하는 따위。

둘재목　익음닿소리

87　익음닿소리에는, 첫재。 소리를 더하여 내는 것, 둘재。 소리를 줄이어 내는 것, 셋재。 소리를 바꾸어 내는 것, 넷재。 이 소리와 저 소리를 두루쓰는 것의 네 가지가 있나니：알에 이를 따로 적겠노라。

88　첫재, 소리를 더하여 내는 것：

（1）　홋닿소리를 짝소리로 내는 일이 있나니, 보기를 들면：

ㅏ）ㄱ 첫소리를 ㄲ으로 내는 것：

　　가마귀→까마귀, 검다→껌다 의 따위。

ㅓ）ㄷ 첫소리를 ㄸ으로 내는 것：

　　마루를 닦아라→마루를 땎아라, 둑겁이→뚝겁이 의 따위。

ㅓ）ㄹ 끝소리로 마칠 때에 ㄹㄹ로 내는 것：

　　불(火)→뿔, 절(寺)→쩔 의 따위。

그러나 그알에 홀소리가 올것갈으면, 본대대로 홋ㄹ로 나나니：

불이밝다, 절에간다, 길이좋다　와 같음。

그렇지마는 혹 홀소리가 오드라도,짝ㄹ로 나는 것이 없지 아니 하니:

날아간다→닳아간다　의 따위。

또 ㄹ을 ㅎㄴㄹ밖에 모든 닿소리우에서도 홀이 ㄹㄹ로 내나니:

불(火)과→불ㅍㅏ, 길들인다→깘들인다 의 따위。

ㅕ) ㅂ첫소리를 홀이 ㅃ로 내는 것:

비들기→삐들기, 버들→뻐들, 본→뽄 의 따위。

ㄴ) ㅅ첫소리를 ㅆ으로 내는 것(慶尙道):

사람→싸람, 사동(寺洞)→싸동 의 따위。

(잡이), 慶尙道에는 이와 같이 ㅅ을 되게 내는 버릇이 있으면서 ㅆ을 完全히 되게 내지 못하나니:

"쌀"(米)을 "살"이라 하는 따위。

ㅛ) ㅈ첫소리를 ㅉ으로 내는 것:

조각→쪼각, 좇아간다→쫓아 간다 의 따위。

(잡이)。이 홋닿소리를 짝소리로 내는 것은 옛적보다 이제같 많으니: 오늘날에는 대중말이 된 "꽃"(化)같은 것도 옛직에는 "꽂"으로 적었는대, 이러한 보기말은 적지 아니하다。또 말새가 곱게 다듬어진 서울말보다 곱게 다듬어지지 못한 시끌말이 더많이 짝소리를 쓰는대, 그중에도 慶尙南道 바다갓땅에서 특히 더 심한듯 하니라(ㅆ은 서울이 더많이 쓰는 모양이니 쌀.있.았 었 .쟀. 따위)。

(2)　ㅎ를 턱없이 더하는수가 많으니,보기를 들면:

ㅏ) ㄱ에 ㅎ를 더한 것:

수개→수캐, 한간→한칸。

ㅑ） ㄷ에 ㅎ를 더한 것:

압닭→앙탉, 수닭→수탉, 도(豬)→로,

돗갑이→롯잡이(慶尙道에서) 의 따위。

ㅓ） ㅂ에 ㅎ를 더한 것:

조밥→조팝, 안밝→안팎,(이는안의옛말이앓인대문) ……。

ㅕ） ㅈ에 ㅎ를 더한 것:

첫재→첫채, 전대→쳔대— 의 따위。

89 둘재, 소리를 줄이어 내는 것:

(1) ㅎ를 흠이 내지 아니하는 수가 있나니; 보기를 들면:

ㅏ） 끝소리

좋아한다→조아한다, 놓았다→노았다

많으면→만으면, 싫으니→실으니 의 따위。

ㅑ） 가온대소리

런하→천아, 혼하다→혼아다, 심히→심이 의따위。

ㅓ） 첫소리를 없이는 보기는 없음。

(잡이)。 ㅎ논 본대 여린 소리이기 때문에, 홀소리나 닿소리의 흐린소리사이에서 잘 들어나지 못함이니라。

(잡이)。 ㅎ의 섞김소리인 ㅊㅋㅌㅍ이 다른 닿소리하고 이어날 적에는 ㅎ를 내지 아니하나니: 이는 ㅊㅋㅌㅍ이 다른 닿소리우에서 온전히 들어나지 못한 대문이니라。보기를 들면:

높고, 높다, 높지→놉고, 놉다, 놉지,

글을읊고→글을읍고, 핥고→할고,

말ㄱㅗ, 말ㄷㅏ, 말ㅅㅓ→맑고, 맔다, 맔지,

붙다→붇다, 꽂과→꼳과, 쫓지→쫃지 의 따위。

　그러한대 ㅎ의 끝소리가 다른 닿소리하고 이을 적에는 ㄷㅅㅈ 과 같이 나는 수가 있나니 (가령말하면:

　"닿고"를 "다코"라 아니하고 "닫고"라 하며;

　"쌓지"를 "싸치"라 아니하고, "쌋지"라 하는 따위)

우의 ㅌㅊㅋㅍ들의 ㅎ도 ㄷㅅㅈ으로 바꾸히었다 할만도하니라。

　(2)　ㄴ을 ㅣ의 첫소리로 낼 적에는 내지 아니하는 수가 있나니: 니(齒)→이, 닢(葉)→잎, 년년(年年)→연년 의 따위。

　(3)　ㄹ이 ㅣ의 첫소리된 말을 할 적에는 ㄹ을 내지 아니하는 수가 있나니; 보기를 들면:

　리(李)→이, 리익(利益)→이익, 량반(兩班)→양반,

　령남(嶺南)→영남, 룡(龍)→용, 류(柳; 劉)→유 의 따위。

　(4)　ㄹ끝소리의 말을 그알에 ㄴㅅ첫소리의 말과 이을 적에 ㄹ을 내지 아니하는 일이 있나니; 보기를 들면:

　솔나무→소나무, 버들나무→버드나무,

　불삽→부삽, 바늘질→바느질 의 따위。

　이는 이름씨(名詞)가 다른 말과 어우르는 보기이어니와, 다시 움즉씨(動詞)와 어떻씨(形容詞)가 어떤 씨끝과 있는 보기를 들면:

　빌(祈)는 사람→비는사람, 빌(祈)신다→비신다,

　울(泣)는 아기→우는 아기, 길는대→기는대 의 따위。

　그런대 ㅈㅁ우에서는 ㄹ을 내기도 하고 안내기도 하나니; 보기를 들면:

빌지　비지,　　　　　울지　우지,　　　　　불지　부지,

갈면(磨)가면,　　　　　빌면　비면,　　　　　불면　부면 의 따위。

(잡이)。 "닭도"를 "닥도" 또는 "달도"라 하는 따위는 여러 딿소리를 한목에 잘 들어내기가 힘들기 때문에 줄인 것이라。

(5) ㄱ끝소리를 혹 내지 아니하는 일이 있나니; 보기를 들면:

백천(白川)→배천, 륙월(六月)→류월 의 따위。

(6) ㅂ끝소리를 혹 내지 아니하는 수가 있나니; 보기를 들면:

십월(十月)→시월, 눕(臥)어서→누어서 의 따위。

(7) ㅅ을 흔이 내지 아니하나니; 보기를 들면:

살외다→알외다, 가슬→가을, 머슴→머음, 무수→무우,

파실→파일, 잇으면→이으면, 값→갑, 웃음→우음 의 따위。

(잡이)。 이와 같이 ㅅ과 ㅇ을 두루씀은 그 밑이 대개 옛적에는 △으로 적혔던 것이라。

(8) ㆁ끝소리를 혹 내지 아니하는 일이 있나니; 보기를 들면:

땅→따。

90 셋재, 다른 소리로 바꾸어 내는 것:

(1) ㅎ를 ㅣ의 첫소리로 낼 적에는 ㅅ으로 내는 일이 있나니, 보기를 들면:

힘→심, 혀→셔 또 서 또 세, 혈마→설마 또 설마,

효(孝)→쇼, 또 소, 현몽→션몽, 형님→성님, 향긔→샹긔,

휴지→슈지, 흉년다→슝년다 의 따위。

(잡이)。 이는 ㅎ(목소리)이 홀소리 ㅣ를 닮아서 입웅소리되(口蓋音化)어서 ㅅ으로 나는 것이니, 시방소리로 볼것같으면, ㅣ가 들

다른소리로바꿈

지 아니한 것 갈은 것으로 ㅎ와 ㅅ을 두루쓰는 말(힘셈)도 그 밑
은 ㅣ소리가 들었던 것이 차차 빠지어 버린 것이니라.

(2) ㄹ이 ㅏㅓㅗㅜㅡ의 첫소리가 되어서 낱말(單語)의 첫머리
에 있을 적에는 ㄴ으로 내나니;보기를 들면:

　로동(勞働)→노동, 로적(露積)→노적, 로형(老兄)→노형,

　라씨(羅氏)→나씨, 랑패(狼狽)→낭패, 루상동(樓上洞)→누상동,

　릉시(凌視)→능시 의 따위.

(잡이)。 우에 든 보기는 다 漢字音으로 된 말이오, 우리말에는
ㄹ 첫소리로 비롯는 말이 없나니라。 이는 우리말에 限한 것이 아
니라 우랄알타이말겨레에는 두루 있는 現象이니라。

(3) ㄹ 끝소리를 가진 움즉씨(動詞)가 ㄱㄴㅅ첫소리의 씨끝(語
尾)과 이을 적에는 ㅅ(ㄷㅅ이라 하여도 괜찮을듯)으로 바꾸히어
나나니; 보기를들면:

　걸어라(步)의“걸”, 걸고→것고, 걸지→것지, 걸는→것는;

　물어라(問)의“물”, 물고→뭇고, 물지→뭇지, 물는→뭇는;

　들어라(聞)의“들”, 들고→듯고, 들지→듯지, 들는→듯는。

(잡이)。 우에 말한 바와 같이, ㄹ이 ㅅ으로 바꾸히는 말을 보
건대, 다 그와 꼭 같은 말이 있나니:

　　　　ㄱ　　　　　　　ㄴ

　걸(步)어라·　　걸(掛)어라

　물(問)어라·　　물(咬)어라

　들(聞)어라·　　들(擧)어라 와 같으니라。

그러한즉 (ㄱ)의 “걸” “물” “들”이 ㄱㄴㅅ첫소리의 씨끝(語尾)

파 이을 적에 ㅅ으로 바꾸히는 것은 (ㄴ)의 "걸" "물" "들"과 가로(區別하)기 때문인고로, (ㄴ)의 말들은 그런 씨끝(語尾)을 맞나도 ㅅ으로 바꾸히지 아니하나니라。끝:

걸고 걸지 거는, 물고 물지 무는, 들고 들지 드는

파 같으니라(다만 "는"우에서는 ㄹ이 줄어 졌음)。

그러한즉 이러한 따위는 소리의 버릇이라 하기보다 말의 버릇이라 하는 것이 옳으니라。

(4) ㄴ을 홀소리알에서 ㄹ로 내는 일이 있나니; 보기를 들면:

재능(才能)→재릉, 기능(技能)→기릉,

지나(支那)→지라, 재난(災難)→재란。

또 ㄴ파 ㄴ이 서로 맞날 적에 ㄹㄹ로 내는 일이 있나니; 보기를 들면:

곤난(困難)→골란, 근년(近年)글년 의 따위。

(5) ㅂ끝소리를 가진 어떻씨(形容詞)나 움즉씨(動詞)(옛적에는 唇輕音ᄫ을 받치던것)가 알로 홀소리를 맞날 적에 ㅂ을 ㅜ로 바꾸어 내는 일이 있나니(慶尙 咸鏡 以外에서); 보기를 들면:

덥어서→더워서, 칩으니→치우니, 칩이→치위, 덥이→더위,

부들업어→부들어워, 눕어→누워, 굽어→구워。

(잡이)。덥고, 덥다, 덥지와 같이 닿소리와 이을 적에는, ㅜ로 바꾸어 내는 일이 없나니라。다만 간혹 외에(加外의) ㅜ를 더 넣는 일은 있나니라。이를터면:

더웁고 더웁다 더웁지 와 같은 것들。

(ᄅ) ㅅ끝소리를 ㄹ로 내는 일이 있나니; 보기를 들면:

갓모→갈모

(7) ㅈ첫소리를 더러 ㄷ으로 내는 대가 있나니; 보기를 들면(북쪽땅에서):

좋다→돟다, 죠씨(趙氏)→됴씨, 죠선→됴선。

(8) ㅋ을 ㅣ우에서 ㅊ 또는 ㅅ으로 내는 일이 있나니; 이도 또한 입웅소리된 것이라 할 수 있나니라。보기를 들면:

키→치(舵, 箕), 컨다→선다。

91 넷재, 소리를 두루쓰는 것:

ㅅ파ㄷ파ㅈ, ㅅ파ㅊ파ㅌ, 또 ㄱ파ㅋ을 받침소리로 두루쓰는 말이 있나니; 이는 소리의 버릇이라 하기보다 말의 버릇이라 하는 것이 옳으니라。그러므로 그중에 어느것을 대중을 삼아야 할지는 理論의 問題가 아니오 다만 實際의 問題이니라。

(1) ㅅ파 ㄷ파 ㅈ을 받침소리로 두루쓰는 것의 보기를 들면:

벋(友) ―― 벗 ―― 벚, 끋(處) ―― 끗 ―― 끚 의 따위。

(2) ㅅ파ㅊ파ㅌ을 받침소리로 두루쓰는 보기를 들면:

숫(炭) ―― 숯 ―― 숱, 쏫(花) ―― 꽃 ―― 꼳, 밧(田) ―― 밫 ―― 밭,

빗(色) ―― 빛 ―― 빝, 낫(顔) ―― 낮 ―― 낱 의 따위。

(3) ㄱ파ㅋ을 받침소리로 두루쓰는 보기를 들면:

부억(竈) ―― 부엌 , 운녁(北方) ―― 운녘 의 따위。

넷재가름　우리말의 소리와 다른나라
말의 소리와의 맞오대기(對照)

92 이 가름은 原則的으로는 우리말의 소리갈에 必要한 것은 아

너지마는, 이 책으로써는 어 재목을 의논하는 것이 배호는 사람에 게 매우 有益할 줄을 믿고, 여기에 말하기로 하였다。더구나 남을 아는 것은 끝 나스스로를 바르게 아는 것이 되며,딸아서 남파 나 의 다름을 아는 것은 더욱 나스스로를 뚝뚝이 아는 것이 되는 것 이다。그러나 오늘날 우리나라에서는, 우리말의 소리와 다른나라 말의 소리와의 關係에 對하여, 바르게 깨닷지 몯함이 많아서, 다 른나라말의 소리를 우리글로 날아내는 대에 여러가지의 그름(誤) 이 있나니: 이는 다 저와 남의 말소리를 뚝뚝하게 발리 알지 몯한 때문이니라。

93 우에 적은 둘재 가름 둘재 조각 셋재 목 닿소리의 갈래의 보기를(一覽表)의 ( )표안에 든 소리는 우리말에는 있기는 하지 마는 이것을 區別하여 썰 글자가 없는 것인대, 이제 다른나라의 말 소리를 우리글로써 뚝뚝이 나타내기 위하야, 흐림표(濁音標)를 붙 여서 딴 글자를 만들 必要가 있다。그래서 흐림표는 본글자우에 두점을 지는 것이 좋을듯하다(오늘파 같이 내리써는 글씨에서는 그 본소리의 윈편에 두 점을 치는 것이 좋을듯하지마는, 나종의 가 로글씨를 생각하고, 우와 같이 하였노라`)。그리하야 담파 같이 딴 글자를 만듦:

ㅃ ㅂ의 흐린소리。

ㅃ ㅃ을 더바르게 쓴 것, 끝 ㅂ의 짝소리。

ㄲ ㄱ의 흐림소리。

ㄲ ㄲ을 더바르게 쓴 것, 끝 ㄱ의 짝소리。

ㄷ ㄷ의 흐린소리。

ᄄᆞ ᄄ을 더바르게 쓴 것, 곧 ᄄᆞ의 짝소리。

ᅕ ᅎ의 흐린소리。

ᅏᅏ ᅏᅏ을 더바르게 쓴 것, 곧 ᅕ의 짝소리。

이와 같이 흐린소리를 나라내는 글씨를 뚝뚝하게 만들어 놓고, 그담에 다른나라의 말소리를 우리글로 나라낼것같으면, 매우 便利하니라。

94 먼저 잉글리쉬의 닿소리(萬國聲音學符號를 幷記함)와 우리글의 닿소리와의 맞오대기:

잉글리쉬의 닿소리와의 마조대기

c=k　as　in　cake　　(k)……ㄱ

ç=s　　,,　　içe　　(s)……ㅅ

ch　　,,　　child　(tʃ)……쮜·ㅈ

d　　,,　　day　　(d)……ᄄᆞ·ᄃ

f　　,,　　fan　　(f)…·ퟝ

g　　,,　　go　　(g)……ᄁᆞ·ᄀ

ġ=j　　,,　　page　(dʒ)……쮜·ᅕ

gh=f　,,　laugh　(f)……ퟝ

h　　,,　hand　(h)……ᄒ

j=ġ　　,,　joy　(dʒ)……ᅏᅏ·ᅕ·쮜

k　　,,　kind　(k)……ㄱ

l　　,,　little　(l)……ㄹㄹ

m　　,,　mouth　(m)……ㅁ

n　　,,　not　　(n)……ㄴ

ŋ=ng　,,　ink　　(ŋ)……ㅇ

p	„	point	(p)……ㅂ
ph=f	„	photo	(f)……퐁
qu=kw	„	quite	(kw)……구
r	„	right	(r)……ㄹ
s	„	sing	(S)……ㅅ. 스 ㅆ. 쓰
ṣ=z	„	iṣ	(Z)……ㅿ̈. ㅿ̈
sh	„	shake	(ʃ)……쉬
si=sh	„	mission	(ʃ)……쉬
ci=sh	„	special	(ʃ)……쉬
ṣi=zh	„	occaṣion	(ʒ)……쉬
t	„	time	(t)……ㄷ
th	„	thin	(θ)……ᄃᆼ(등)
t-h	„	this	(ð)……ᄃ̈ᆼ(ᄃᆼ)
ti=sh	„	station	(ʃ)……쉬
v	„	visit	(v)……ㅸ
w	„	was	(W)……ㅜ(우̂)
wh=hw	„	why	(hw)……후
x=ks	„	box	(ks)…… ㄱㅅ. ㄱ스
y	„	yes	(j)……ㅣ̂
z	„	zoo	(Z)……ㅿ̈ (△) ㅿ̈

95 이와 같이 서로 맞훔에 對하여, 여러 가지로 辨明하여 두어야할 것이 있다。첫재로 오늘날 世上사람의 예사 使用에 依하면:

b=ㅂ, ㅃ, d=ㄷ, ㄸ, g=ㄱ, ㄲ, j=ㅈ, ㅉ,

ㅊㅋㅌㅍ(激音)

　　p=ㅍ,　　　　t=ㅌ,　　　　k=ㅋ,　　　　ch=ㅊ,

로 하나, 이는 다 잘못이니라。웨그러냐하면 잉글리쉬의 b, d, g,
j 는 다 흐린소리인데; 우리의 ㅂㄷㄱㅈ은 흐린소리가 아니오, 맑
은소리인 것이 原則이니라。그러하고 또 잉글리쉬의 p, t, k, ch 는
다만 터집소리의 맑은소리일뿐이오, 목청을 가는 갈이소리는 아니
인데; 우리의 ㅍㅌㅋㅊ은 터집소리에다가 목청을 갈아내는 갈이소
리ㅎ를 더하여 된 것인즉, 서로 같지 아니하다。그러므로

　　b=ㅂ, ㅃ(ㅃ),　　d=ㄷ, ㄸ(ㄸ),　　g=ㄱ, ㄲ(ㄲ),　j=ㅈ, ㅉ(ㅉ),

　　p=ㅂ,　　　　t=ㄷ,　　　　　k=ㄱ,　　　　ch=ㅈ

으로 맞후는 것이 옳으니라。世上에서 흖이 이것을 뚝뚝히 생각
하지 아니하고, 잉글리쉬에서 내는 법과 나는 자리가 같은 소리
에 b와p, d와t, g와k, j와ch 의 다름이 있음에 對하여, 우리말
에는 ㅂ파ㅍ, ㄷ파ㅌ, ㄱ파ㅋ, ㅈ파ㅊ의 다름이 있음으로하여, 넘
어도 單純하게 생각하여서, 곧 b=ㅂ, p=ㅍ, d=ㄷ, t=ㅌ, g=ㄱ, k
=ㅋ, j=ㅈ, ch=ㅊ으로 얼른 작정해버리지마는, 이는 決코 옳지
몯하니라。이렇게 그릇 생각하는 이는 p=ㅂ, t=ㄷ, k=ㄱ, ch=ㅈ
이라 함을 들을것같으면, p=ㅍ, t=ㅌ, k=ㅋ, ch=ㅊ의 先入의 偏見
이 있기 때문에, 이를 얼른 首肯하지 아니하겠지마는, 이는 決코
그렇지 아니하니라。이제 다른 理致는 다 그만두고라도, 우리가
實地로 내는 普通의 ㅂㄱㄷㅈ의 소리를 西洋사람에게 들어 적으
라 하면, 반듯이 ㅂ=p, ㄱ=k, ㄷ=t, ㅈ=ch로 적나니: 이는 우에
말한 바와 같은 先入의 偏見을 가진 우리로서는 좀 不當한듯하지
마는, 이것이 실상은 맞은 것이니라 。

69　여기에 물음이 하나 일어나겠구나:"그러면 우리의 ㅍㅋㅌㅊ은 로마글자로써는 어떻게 적어야할까?" ㅍㅋㅌㅊ은 우리가 발서 이미 깨다른 바와 같이 ㅂㄱㄷㄷㅈ에 各各 ㅎ字 더하여 된 소리이니,西洋말에는 普通으로는 이러한 소리가 없으며 (끄리시아와 印度에는 있는모양),달아서 이러한 소리를 나타내는 글자도 없나니라。그러므로 로마자로써 우리말소리를 나타낼 적에는 옛적 끄리시아글에서 쓰던 같이소리표(ʽ)를 글자의 우에 붙이거나 혹은 h字를 더하여서 쓸 수밖게 없나니라。끝:

ㅍ=p̄(ph), ㅋ=k̄(kh), ㅌ=t̄(th), ㅊ=c̄h(chh)。

97　둘재로 ch, sh, zh, th, f, v는 우리말에 없는 소리인 때문에, 이것들을 우리글로써 적어내기에는 매우 不便을 느끼지 아니할 수 없다。그리하여 ch=쮜, sh=쉬 ,zh=쉬 들은 닿소리에다가 홀소리를 붙이어서 적었으나, 이는 다만 그러한 홀소리를 낼 적의 입꼴(口形)을 하여서 그 닿소리를 내라는 뜻일뿐이오, 決코 그 로마자에 우리의 홀소리에 맞은 소리가 들어있다는 것은 아니다。그러므로 이렇게 적을 적의 홀소리는 決코 길게 낼것이 아니니라。

또 f=퐁, v=빙, th=등, t-h=틍로 적은 것도 마지몯한 짓이지,決코 우리글자가 當然히 그리 된다는 것은 아니니라。

98　셋재로 우리말의 닿소리는 제홀로는 소리나지 아니하고, 반듯이 다른 홀소리하고 어우르어야만 소리나는 것이 예사의 의음이 되였는데,西洋말에서는 c, d, f, g, k, s, t, z(clear, band, draft, glad klar(獨), fast, buzz 의 그것들에서 보는 바와 같이)들은 제홀로로도 소리나는 것이 예사이니, 이런 경우에 우리글자로 그것을 적을 적

에는 홀소리 ㅡ 혹은 ㅜ를 더하여 적을 것이니라。이를 려면:

draft	glad	buzz	klar

드라폳드　그^랜　뻐스　　그라ㅡㄹ

vegetable	gas	fast

베쳐타불　깨스　　팠스드 와 같음。

99　담에 잉글리쉬의 홀소리와 우리 홀소리와를 맞오대여 보건대(소리표는 Webster's phonetie notation System 에 依하며, 아울러 萬國聲音學會의 發音符號를 記합):

ā	as	in	nāme	(ei)……에이
å	,,		villåge	(i)……이(에短)
ă	,,		căt	(æ)……애
a=u̯	,,		away	(ə)……어
ä	,,		ärm	(a:)……아ㅡ
a̦	,,		a̦ll	(ɔ:)……언ㅡ
å	,,		åsk	(a:)……아
a	,,		âir	(ɛə)……에어
a=ŏ	,,		whåt	(ɔ)……언(短)
ē	,,		bē	(i:)……이ㅡ
ė	,,		bėfore	(i)……이(短)
ĕ	,,		bĕd	(e)……에
ȩ	,,		paymȩnt	(ə)……어
ẽ	,,		hẽr	(ə:)……어ㅡ
e=ā	,,		thȩy	(ei)……에이

ê=â	,,	thêre	(ɛə)......에어
ẹ=ạ	,,	paymẹnt	(ə)......어
ī	,,	īce	(ai)......아이
ĭ	,,	ĭt	(i)......이
ï=ē	,,	sȋr	(əɪ)......어
ï=ē	,,	polïce	(iː)... .이—
ō	,,	ōld	(ou)......오우
ô	,,	ôbey	(o)......오(短)
ŏ	,,	bŏx	(ɔ)......언(短)
ȯ=ŭ	,,	sȯn	(ʌ)......어
ò=ạ	,,	fòr	(ɔː)......언—
ǫ=ạ	,,	develǫp	(ə)......어
ōō	,,	tōō	(uː)......우—
ŏŏ	,,	bŏŏk	(u)......우(短)
ǫ=ōō	,,	dǫ	(uː)..... 우—
ǫ=ŏŏ	,,	wǫlf	(u)......우(短)
ū	,,	ūse	(juː)......유—
ŭ̃	,,	jŭ̃ly	(ju)......유(短)
ŭ	,,	ŭp	(ʌ)......어
ṵ	,,	circṵs	(ə)......어
û=ē̃	,,	tûrn	(əː)..... 어—
ṵ=ōō	,,	rṵde	(uː)......우—
ṵ=ŏŏ	,,	pṵt	(u)......우(短)

ew=ū	,,	new	(juː)……유	
oi	,,	oil	(ɔi)……오이	
oy=oi	,,	boy	(ɔi)……오이	
ou	,,	house	(au)……아우	
ow=ou	,,	owl	(au)……아우	
ȳ=ī	,,	flȳ	(ai)……아이	
y̆=ĭ	,,	sy̆stem	(i)……이	

이와같이 맞오댐에는 勿論 完全 正確하게 조끔도 빗글어짐없이 딱 서로같다고 함은 되지 못한 것은, 우리가 우에서 이미 배혼 소리갈의 알음(知識)으로써, 넉넉이 집작할 수 있는 일이다. 그중에도 ə(ㅓ)와 ȯ(ㅿ)를 다 ㅓ로 달았지마는, ə는 뚝뚝하지 못한(또짜른) ㅓ 이오, ȯ는 뚝뚝함은 ə보다 크되, 그 소리는 우리의 ㅏ에 가까운 ㅓ 이니라。

100　우에 풀이하여 온 잉글리쉬의 소리와 또 다른나라의 말소리를 參酌하여, 이제 다시 우리말의 홀소리와 닿소리를 으뜸으로 삼고, 이를 로마글씨로써 날아 내면, 담과 같다。

홀소리

ㅏ	ㅓ	ㅗ	ㅜ	ㅡ	ㅣ	ㅐ	ㅔ	ㅚ
a	ŏ	o	u	eu	i	ai	e	ȯ (oi)

ㅑ	ㅕ	ㅛ	ㅠ	ㅖ	ㅟ	ㅢ	ㅘ	ㅝ	ㅙ	ㅞ
ya	yŏ	yo	yu	ye	wi	eui	oa	wŏ	oai	we

닿소리

ㄱ(ㄲ)	ㄴ	ㄷ(ㄸ)	ㄹ	ㅁ	ㅂ(ㅃ)	ㅅ	ㅇ	ㅈ	ㅎ
k(g)	n	t(d)	r·l	m	p(b)	s	ṇ(ng)	ch	h

ㅊ	ㅋ	ㅌ	ㅍ	ㄲ	ㄸ	ㅃ	ㅆ	ㅉ
c̆h	k̄	t̄	p̄	gg,g	dd,d	bb,b	ss	jj,j

（잡이） ㅓ 는 글씨는 사람을 딸아 ŏ· ö·· ㅠ· ㅠ……들의 여러가지로 날아낸다。나는 여러가지로 생각한 結果 ŏ 를 採定하였다。 또 우리의 짝소리(ㄲ· ㄸ……)를 로마글지로도 짝소리(gg dd…)로 적은 것은 로마글자에 그러한 區別이 있어서 그런 것이 아니라, 우리말에 있는 區別을 로마글자로도 區別있게 적어 보자 함에 지나지 아니한다。

101 맞으막으로 日本가나하고 우리 한글하고를 맞오대어 볼것 같으면:

カキクケコ	가기구개고	ガギグゲゴ	카키쿠케쿄
サシスセソ	사시수·세소	ザジズゼゾ	자지쭈제쪼
タチツテト	다지쓰데도	ダヂヅデド	타치쯔베로
ハヒフヘホ	하히후헤호	バビブベボ	바비부베보
パピプペポ	바비부베보	ワキウヱヲ	와이우에오

와 같음。

그러나 日本의 ウ列音은 우리말소리의 ㅜ에 꼭들어맞는 것이 아니오, 대개는 ㅜ와 ㅡ의 사이소리이너, 이를 純全히 ㅜ소리로 내는 것은 그르니라。

（소 리 갈 끝）

이 밖에 通用한것。 ㄱ語源語法에 가까운것。 ㄴ 便宜的인것。

ㄱ		ㄴ		ㄱ		ㄴ	
마	암	……	맘	맞	오	……	마	조
처	엄	……	첨	날아내다	……	나타내다
다	암	……	담	하	야	……	하	여
				하	얏	……	하	였

昭和四年四月十日印刷
昭和四年四月十三日發行

不許複製

우리말본
定價九十錢
（書留送料十四錢）

京城府杏村洞一四六의四
著作兼發行者　崔　鉉　培

京城府堅志洞三十二番地
印刷者　金　在　涉

京城府堅志洞三十二番地
印刷所　漢城圖書株式會社

京城府外
發行所　延禧專門學校出版部
（振替京城八七六一番）

總發賣所
京城府寬勳洞一二三番地
東　光　堂　書　店
（振替京城一六一二一番）